Les femmes en Turquie

par

OSMAN-BEY

— MAJOR VLADIMIR ANDREJEVICH —

© 2025, OSMAN-BEY (domaine public)
Édition : BoD · Books on Demand, 31 avenue Saint-Rémy,
57600 Forbach, bod@bod.fr
Impression : Libri Plureos GmbH, Friedensallee 273,
22763 Hamburg (Allemagne)
ISBN : 978-2-3225-6977-9
Dépôt légal : Mars 2025

PREMIÈRE PARTIE

LES TURCS ET LEURS FEMMES

I

COUP D'ŒIL PRÉLIMINAIRE

Tout le monde sait qu'en Orient, le sexe fort domine en maître absolu et maintient le sexe faible dans l'asservissement ; en d'autres termes, l'homme y est tout et la femme rien, ou presque rien.

Ne vous est-il jamais arrivé, lecteur, de rechercher les causes de cet état social aussi injuste que révoltant ?

Sans doute vous l'avez attribué à l'orgueil, à l'égoïsme et aux passions effrénées de l'homme, peut-être aussi à l'incapacité de la femme.

« Si les femmes d'Orient, vous êtes-vous dit, eussent en le moindre sentiment de leur dignité, auraient-elles jamais accepté sans révolte l'esclavage dégradant qu'il a plu aux hommes de leur imposer ? »

Ce raisonnement a quelque chose de spécieux ; mais il manque de justesse, en ce qu'il suppose chez la femme une certaine force de résistance que l'organisation sociale de l'Orient ne lui a jamais permis de trouver en elle-même.

Les causes qui depuis bien des siècles ont paralysé l'action de la femme et, par cela même, ont fait d'elle un être inférieur, sont celles-ci :

1º Des préjugés universellement répandus et passés dans les mœurs ;

Et 2° des systèmes religieux et sociaux, basés sur ces mêmes préjugés.

Oui, ce sont ces préjugés invétérés qui ont empêché la femme d'occuper dans les sociétés orientales la place que les lois de la nature lui avaient assignée ; ce sont ces mêmes préjugés qui condamnent les peuples de l'Islam à subir un système social doublement outrageant pour la justice et pour l'humanité.

Il faut dire toutefois que ces anomalies ont pris leur source dans la sotte infatuation des hommes, bien plutôt que dans l'inertie des femmes. L'homme oriental méprise la femme ; c'est à ses yeux une créature d'ordre inférieur, une superfluité de la création. Cette manière de voir est si universellement acceptée que, soit dit sans exagération, il n'y a pas en Orient un seul représentant du genre masculin qui ne se croie infiniment supérieur, quelque disgracié qu'il puisse être, à la mieux douée et à la plus digne d'entre les personnes de l'autre sexe. Il est homme ; ce mot dit tout.

Une telle aberration n'est pas, il faut bien le dire, le partage exclusif des brahmanistes, des bouddhistes et des musulmans ; bon nombre de chrétiens d'Orient s'y sont associés ; et aujourd'hui même, malgré les lumières nouvelles dont le XIXᵉ siècle se fait glaire, on voit encore des Arméniens, des Grecs, des Nestoriens et même des Russes de la basse classe mettre plus ou moins en pratique, à l'égard des femmes, les idées adoptées par les peuples orientaux.

En Turquie, spécialement, le mépris pour la femme éclate à chaque instant par des propos grossiers, de sots proverbes ou d'amers sarcasmes. Citons, par exemple, ce vieux dicton qui revient perpétuellement :

« Les femmes ont la chevelure longue et l'intelligence courte. »

Mais pour bien comprendre à quelle hauteur de dédain les Orientaux se placent pour juger la femme, il faut assister à une réunion d'ulémas. Ces doctes personnages, gardiens fidèles de la foi et des idées orthodoxes, s'occupent assez rarement des femmes ; mais si parfois l'occasion se présente de parler d'elles, ils ne manquent jamais de les désigner par cette expression brutale : *tofeï-nissa* : la gent femelle ; et il faut voir de quel geste et de quel ton ils accompagnent ce terme insultant.

Ce vieux préjugé des Orientaux au sujet de l'infériorité de la femme a donné naissance aux divers systèmes sociaux connus sous les noms de Bouddhisme, de Judaïsme et enfin d'Islamisme. Tous portent avec eux la marque de leur commune origine. Tous condamnent la femme à la servitude et au mépris. Toujours elle y figure comme l'esclave de l'homme ; et chez les Hindous, par exemple, elle est réduite à un tel état de nullité, qu'après la mort du mari, elle n'a plus en quelque sorte de raison d'être et doit fatalement périr, comme chacun sait, sur le bûcher funèbre.

Le Judaïsme a profondément amélioré sous certains rapports les conditions des sociétés antérieures, mais il n'en a pas moins flétri la femme comme un être d'une essence inférieure et *impure*.

La société chrétienne est la première qui ait posé le principe de l'égalité des sexes devant le Créateur, et c'est à elle que la femme doit d'être réintégrée dans ses droits et ses prérogatives.

Mais l'Islamisme, venu ensuite, a établi un nouvel ordre social qui non-seulement fait descendre la femme du rang où la loi du Christ l'avait placée, mais qui la rejette même dans une condition inférieure à celle que la loi judaïque lui avait reconnue, et la condamne à subir un traitement aussi humiliant que ridicule. Nul ne saurait contester que Mahomet n'ait commis un véritable crime de lèse-humanité, lorsqu'il a organisé un système qui dégrade la femme, en paralysant à la fois ses facultés et son action.

On m'objectera peut-être que Mahomet n'a rien inventé et qu'il n'a fait que rédiger en forme de législation les pratiques et les préjugés revêtus en Orient d'une autorité séculaire ; j'en conviens ; mais le crime de Mahomet c'est d'avoir ajouté la sanction religieuse à celle du temps, et d'avoir consacré par la loi divine un système contraire aux lois de la raison et de la nature, en l'imposant au monde au nom de son apostolat.

Si l'on veut se rendre compte de l'étendue du mal dont le Prophète est responsable, il faut examiner quelle condition il a faite à la femme dans ce monde et dans l'autre. Un seul coup d'œil jeté sur le Coran pourra suffire à cette étude, où je prie le lecteur de me suivre un instant.

II

LA FEMME DEVANT L'ISLAMISME

Et d'abord, il est inutile de dire que toutes les fois que Mahomet vient à parler des femmes, c'est sur ce ton hautain et dédaigneux qui, en pareil cas, est habituel aux Orientaux. Ainsi le Prophète, sans ménager ses expressions, commence par déclarer que la femme n'est qu'un champ, c'est-à-dire, une propriété dont le possesseur peut user et abuser à volonté, comme de toute autre. Dans un autre passage, il la flétrit de l'épithète d'*impure* ; et non content de l'avoir ainsi avilie aux yeux de ses disciples, il insiste sur la faiblesse morale et physique de la nature féminine et prononce qu'en raison même de cette faiblesse, bien peu de femmes ont droit d'espérer le salut de leur âme. Non pas que les portes du paradis leur soient absolument fermées ; celles qui ont été de bonnes musulmanes et de bonnes épouses ont quelque chance de les voir s'entrouvrir. Ce dernier mérite surtout est signalé par le Coran comme le meilleur titre aux félicités du séjour céleste, car il est écrit :

« Le paradis de la femme est sous la plante des pieds de son mari. »

Ainsi point de salut pour la femme à moins qu'elle ne se soit conformée humblement en tout et pour tout aux volontés et aux moindres caprices de son seigneur et maître ; et par suite de ce principe que la femme ne peut être admise en paradis que sur un *satisfecit* de son mari, le Coran ne l'envisage que sous le rapport de sa qualité d'épouse, et se tait absolument sur le sort réservé aux veuves et aux filles, jeunes ou vieilles : ce sont là des êtres insignifiants qui ne méritent pas son attention.

La veuve a cependant une chance suprême de pénétrer dans le séjour des élus, c'est quand le mari qui l'y a précédée l'appelle à y prendre place à ses côtés ; mais à moins qu'elle n'ait été la favorite du défunt, elle risque fort de ne jamais le rejoindre. En effet, suivant le Coran, les bons musulmans jouissent de la béatitude éternelle en compagnie de la femme qu'ils ont le plus aimée ici-bas, les autres, négligées de leur vivant, le sont encore après leur mort et demeurent exclues du paradis, sans avoir néanmoins de destination fixe. La morale de tout ceci, c'est que la première et même l'unique vertu des femmes musulmanes, c'est de plaire aux hommes. Aussi la femme préférée se présentera-t-elle au ciel devant son époux « comme une lune à son premier quartier », dit le Prophète, dans toute sa fraîcheur, dans tout l'éclat de sa beauté, conservant sa jeunesse et sa virginité jusqu'à la consommation des siècles.

Le mari, de son côté, se maintiendra toujours sans broncher à l'âge heureux de trente et un ans.

Le titre d'épouse est donc le seul qui donne à la femme une certaine importance dans cette vie, en lui ménageant quelques chances de bonheur dans l'autre. Hors de l'état de mariage, quel que soit son mérite, elle est réduite à une nullité absolue et devient un être si insignifiant, que Dieu même n'accepte qu'à contrecœur ses prières et ses offrandes. Les musulmans croient en effet que pour qu'une femme puisse obtenir du ciel les grâces attachées à l'accomplissement de ses devoirs religieux, il faut absolument qu'elle se trouve dans le *Tahkti-Nikiah*, c'est-à-dire en état de mariage.

III

LES MARIAGES DE PÈLERINAGE

Cette nécessité pour les femmes d'être mariées ou de n'être rien, a donné lieu à mille subterfuges, à mille fraudes pieuses, aussi étranges que ridicules.

En cas de pèlerinage à la Mecque, par exemple, être munies de la patente matrimoniale est, pour elles, une condition obligatoire.

Quoique le pèlerinage s'impose à tout bon musulman, la femme non mariée qui accomplit seule ce pieux devoir ne saurait espérer s'en faire un mérite aux yeux de Dieu, comme si elle accompagnait un époux. Pour remédier à ce désavantage, elle a recours à nue sainte supercherie qui consiste à improviser une union de circonstance, appelée mariage de pèlerinage. Toutes les fois qu'une caravane de pèlerins se prépare à visiter les lieux saints, on voit les femmes non mariées, veuves ou vieilles filles, se mettre en quête de quelque individu qui consente à jouer le rôle de mari d'occasion. Elles s'adressent pour cela au premier venu et lui font leur proposition d'une manière toute naïve, sans hésitation ni rougeur : « Hassan-Agha, ou Méhémet-Agha, disent-elles, veux-tu devenir mon mari de pèlerinage ? » – Oui, Khanum, pourquoi pas ? répond le pèlerin sans même se donner la peine de regarder la femme qu'il va prendre pour épouse. Ce consentement obtenu, les fiancés se pourvoient de deux témoins ; puis Fatma Khanum et Méhémet-Agha se trouvent avoir contracté légalement un mariage à courte échéance. De ce moment, ils emboîtent le pas de la caravane ; chacun des deux à son tour se hisse sur le chameau ; ou bien, s'ils vont à pied, ils se traînent appuyés l'un sur l'autre à la suite de l'immense colonne qui se déroule vers la Mecque.

Ces *Hadj-Nikiah*, mariages de pèlerinage, loin de répugner à la conscience musulmane, sont regardés au contraire par les pèlerins comme une œuvre méritoire (*sevad*). C'est un point d'honneur pour les hommes d'aider ainsi les femmes à remplir leurs devoirs envers Dieu, même au moyen d'une supercherie. Je crois en vérité que l'esprit chevaleresque n'a jamais été poussé plus loin chez les peuples occidentaux. Qu'on ose dire, après cela, que les Orientaux manquent d'égards pour le beau sexe !

Les mariages de pèlerinage se rompent le jour du *Kourban-Baïram*, celui où les cérémonies du pèlerinage sont elles-mêmes terminées par le sacrifice des agneaux sur l'Arafat. Pendant que d'un côté l'on immole les victimes, de l'autre les maris de rencontre prononcent la formule sacramentelle du divorce, et les époux s'en vont chacun de son côté pour ne jamais se revoir.

On s'imagine aisément à quels incidents plus ou moins comiques peuvent souvent donner lieu ces mariages improvisés. On cite, par exemple, le cas d'un de ces maris à temps qui, s'étant aperçu qu'il avait affaire à une riche veuve, résolut de profiter de la circonstance. Le moment venu de prononcer la formule du divorce, il y mit pour condition que sa vieille épouse lui paierait une bonne rançon ; et il l'obtint, car la pauvre femme n'avait rien de mieux à faire que de s'exécuter, sous peine de rester liée à son escroc.

Les caravanes fourmillent ainsi de vauriens qui donnent la chasse aux veuves, aux vieilles femmes et à leurs piastres. Pauvres créatures ! à quelles souffrances et à quelles avanies ne vous exposez-vous pas dans l'espoir d'obtenir un petit coin de ce paradis où la place vous est si parcimonieusement ménagée ! Hélas ! dans le système musulman, votre dégradation est complète ; vous n'êtes quelque chose que par l'homme et pour l'homme ; sans lui, sans cet être supérieur, quelque indigne qu'il puisse quelquefois vous paraître, vous n'avez rien à espérer ni dans ce monde ni dans l'autre.

Après avoir élevé l'un des sexes si fort au-dessus de l'autre, Mahomet crut nécessaire de lui donner tous les droits et tous les moyens de maintenir sévèrement la femme sous le joug conjugal. Le Coran lui mit donc à la fois entre les mains l'arme légale : le divorce, et l'arme matérielle : le bâton.

Le Prophète dit sans ambages à ses disciples :

« Si vos femmes ne vous obéissent pas, battez-les. »

Ce fut, comme on le sait, l'ange Gabriel qui lui révéla cet excellent moyen de tenir les femmes en respect. Cependant il y a lieu de s'étonner que le messager céleste n'ait pas fixé le nombre légal des coups de bâton qu'un mari peut appliquer sur le dos de sa femme, puisque ce chiffre a été déterminé en ce qui concerne les esclaves, et cela avec une modération qui fait honneur au législateur musulman. Le Prophète a pensé probablement qu'il pouvait s'en remettre à la discrétion des maris ; car, sans nul doute, ils sont les meilleurs juges de la quantité de coups de bâton que leurs femmes peuvent supporter.

IV

LE DIVORCE

Quant au divorce, il faut surtout l'envisager comme un moyen sommaire pour le mari de se débarrasser d'une femme récalcitrante ; mais souvent aussi cette mesure est mise en avant à titre comminatoire ; car la crainte d'être congédiées brusquement retient en général les femmes dans les limites de l'obéissance.

Le mari n'a qu'à dire :
« Femme, sois vide de moi. »

Et à l'instant même, la khanum doit jeter un voile sur sa tête, prendre ses effets et quitter le toit conjugal.

Il est inutile d'ajouter que la femme ne jouit pas à l'égard de son mari d'un droit de congé réciproque.

Comme on le voit, le sort de la femme dépend entièrement de son mari ; car sur une simple formule de lui, sans résistance, sans tribunaux, sans procès, elle se voit mise à la porte et séparée de ce qu'elle a de plus cher au monde.

V

LA POLYGAMIE EN PRINCIPE

La polygamie, c'est-à-dire la faculté accordée à chaque musulman de prendre plusieurs épouses, est également un frein qui sert à retenir la femme dans la dépendance et dans l'abaissement. La crainte de se voir supplantée par une ou plusieurs rivales agit sur la musulmane comme une épée de Damoclès incessamment suspendue sur sa tête, et pour conjurer ce danger, il n'est point de ruses ni de bassesses auxquelles elle ne se croie obligée de descendre. Le langage employé par Mahomet, lorsqu'il érige en loi la polygamie, est remarquablement empreint d'ambiguïté et d'hésitation. Ce point est même assez important pour qu'on s'y arrête un instant.

Le Prophète commence par déclarer qu'il est méritoire de n'avoir qu'une seule femme.

Par ces mots, il recommande ostensiblement la monogamie. Tout bon musulman qui veut être particulièrement agréable à Dieu ne devrait donc avoir qu'une seule femme.

Cependant, Mahomet ne s'en tient pas à cette première recommandation ; car il se hâte d'ajouter :

« Si vous ne pouvez vous contenter l'une seule femme, il vous est permis d'en prendre jusqu'à quatre. »

Mais à peine ces mots sont-ils échappés au législateur qu'on le voit faire effort pour atténuer dans ses conséquences la faculté qu'il vient d'accorder. Ainsi cette dernière disposition est immédiatement suivie de certaines clauses restrictives qui auraient pour effet de rendre la polygamie impossible en pratique, si elles étaient littéralement exécutées. Car Mahomet exige que ceux qui veulent avoir plusieurs femmes soient bons, impartiaux et justes envers elles. En d'autres termes, le mari est tenu de les traiter toutes les quatre sur un pied d'égalité absolue, sans témoigner de préférence pour aucune d'elles. Or, comme il est impossible à un homme d'aimer simultanément et au même degré soit quatre femmes, soit deux seulement, il est de toute nécessité que l'une d'entre elles devienne la favorite au détriment des autres. Quelles que soient en effet l'habileté et la diplomatie d'un mari, il ne saurait soutenir indéfiniment le rôle d'un dispensateur intègre de ses faveurs ni réussir à tromper les femmes délaissées, au point de n'éveiller en elles aucun sentiment de jalousie. En conséquence, le bon musulman, celui qui tient à observer strictement les préceptes du Prophète, ne peut, en bonne conscience, avoir qu'une seule femme.

Toutefois les disciples de Mahomet, loin de s'arrêter à l'esprit du Coran, ont largement usé du droit écrit de se choisir plusieurs épouses. L'exemple du maître lui-même était d'ailleurs de nature à les pousser dans cette voie ; on sait que Mahomet avait quinze femmes. Cette situation irrégulière explique l'ambiguïté de son langage quand il prêche la morale à ses sectateurs. Il fallait bien qu'il leur accordât quatre femmes au minimum, sous peine de passer pour un égoïste immoral. « Comment ! lui aurait-on dit ; tu en prends quinze pour toi, et tu n'en donnes qu'une seule aux autres ? »

Pour couper court aux murmures et au scandale, Mahomet dut compléter sa première concession par un article additionnel qui permet aux fidèles d'ajouter aux quatre épouses qualifiées de légitimes, autant d'esclaves et de concubines qu'il leur plairait. Tous, prophète et disciples, eurent ainsi leur part du butin. Et voilà comment les musulmans, sans se soucier de l'esprit du Coran, ont adopté un système bâtard qui concilie le texte sacré avec la satisfaction de leurs appétits, en prouvant, une fois de plus, que dans la casuistique de tous les pays :

« Il est avec le ciel des accommodements. »

Restait à faire l'application de ces principes à la vie domestique, au moyen de lois secondaires qui assureraient aux diverses femmes d'un même époux un traitement aussi uniforme et aussi impartial que possible. Ces lois entrent dans les détails les plus minutieux et les plus intimes du ménage ; c'est une sorte de manuel réglementaire, à l'usage, de ces intérieurs conjugaux si compliqués. Le premier article exige que chaque épouse ait un appartement distinct, où elle est servie par des esclaves qui ne dépendent que d'elle seule ; elle a également le droit de manger à une table séparée.

Afin de prévenir la jalousie, ce redoutable écueil du bonheur domestique, le législateur musulman a ordonné que, dans le cas où une femme refuserait de communiquer avec ses rivales et voudrait vivre complètement isolée d'elles, le mari fût tenu de faire établir pour elle un escalier et une entrée à part, seul moyen d'éviter des rencontres fâcheuses.

Ces diverses conditions remplies, la femme est obligée de rester sous le toit conjugal. Si elle le quitte, le mari a le droit de l'y ramener de force en la saisissant, s'il le faut, par les cheveux ; c'est le Coran qui le dit.

Il résulte de ce qui précède que dans les ménages polygames, la maison est toujours divisée en plusieurs appartements absolument semblables et meublés de la même manière. Les femmes d'un même mari vivent là sur le pied d'une égalité apparente, mais illusoire ; car en réalité, c'est le caprice du mari, bien plus que le Coran, qui fait la loi dans chacun de ces intérieurs.

Je n'aborderai pas ici tous les détails de ce sujet, que je me réserve de traiter plus à fond, quand l'occasion se présentera de donner au lecteur un tableau de la vie de famille en Turquie.

VI

LES DEVOIRS DES FEMMES

Nous venons de voir quelle situation l'Islamisme a faite à la femme ; occupons-nous maintenant des devoirs particuliers qui lui sont imposés, aussi bien que des droits qui lui sont accordés par la loi musulmane.

En ce qui concerne ses devoirs, disons d'abord que Mahomet s'est montré vis-à-vis d'elle aussi injuste qu'illogique. Après avoir déclaré que la femme est un être faible et dépourvu de jugement, qui ne pourra, quoi qu'elle fasse, racheter le vice de son origine ni gagner dans le paradis une place quelque peu favorable, il eût été de toute justice de laisser ces pauvres créatures agir ici-bas comme bon leur semblerait ; mais au contraire, le Coran les surcharge d'une infinité d'obligations, plus compliquées et plus gênantes les unes que les autres.

Par exemple, au point de vue des ablutions, les femmes sont soumises à une infinité de rites et de pratiques religieuses. Une bonne musulmane qui tient à conserver sa personne dans un état de pureté orthodoxe a de quoi occuper toute sa vie. De tels soins l'aident d'ailleurs à remplir les deux seuls buts de son existence qui sont de plaire à Dieu et de charmer son époux. Notez que le Coran est absolument muet sur les devoirs des femmes vis-à-vis de la famille.

Mais le premier devoir de la femme, celui que le Coran prescrit le plus impérieusement, c'est le *setr-avret*, c'est-à-dire l'obligation de se cacher et de s'envelopper de façon que nul homme excepté son mari ne puisse voir ses traits, ni même les entrevoir.

Mes lectrices, habituées comme elles sont à regarder et à être regardées, libres d'aller et de venir comme elles veulent, ont peine à se faire une idée de ce que souffrent les femmes turques, par suite de cette prescription absurde et contre-nature que Mahomet appelle *setr-avret*, et qui les réduit à un véritable état d'esclavage en leur liant, pour ainsi dire, les mains et les pieds.

Suivant le Coran, en effet, depuis l'âge adulte jusqu'à la vieillesse, la femme doit toujours être voilée et couverte de la tête aux pieds. C'est un crime pour elle de laisser voir ses cheveux et même ses mains ; il ne lui est permis de montrer celles-ci que lorsque la misère la contraint à les tendre pour mendier ; dans tout autre cas, c'est un scandale condamnable. Mahomet sans doute, connaissait trop bien la séduction d'une main blanche et mignonne, et sa parole allait au-devant du danger.

Le Prophète a fait plus ; il a défendu que la voix même d'une femme allât frapper les oreilles profanes ; la voix d'une femme est à elle seule un enchantement ; les bals masqués de tous les temps en attestent la puissance. Il fallait donc l'annuler. La séquestration absolue devait suivre. Dès le jour où il fut décidé que la personne féminine serait dérobée aux regards indiscrets et que la voix féminine serait étouffée, le seul moyen d'assurer l'exécution de ces préceptes était de bâtir des prisons.

C'est ainsi que dans toutes les villes musulmanes, les demeures des riches furent entourées de hautes murailles qui défiaient les regards des voisins. Toutes les croisées s'ouvraient sur des cours intérieures ; ou si par hasard on se risquait à percer une fenêtre sur la rue, de fortes jalousies opposaient aux curieux une barrière impénétrable. Les femmes ne sortaient qu'entortillées dans d'épais manteaux et cachées sous des voiles plusieurs fois repliés autour d'elles, et lorsqu'il leur arrivait de rencontrer un individu du genre masculin, elles lui tournaient respectueusement le dos jusqu'à ce qu'il fût passé.

On n'en finirait pas d'énumérer toutes les pratiques imaginées par la jalouse ferveur des musulmans pour mettre à exécution le commandement sacré du Prophète qui veut que la femme soit invisible. Aujourd'hui, à la fin du XIXe siècle, les mêmes préceptes, les mêmes usages subsistent encore avec quelque adoucissement toutefois dans la pratique. Ainsi, les anciennes murailles, les vieilles jalousies ou grilles sont toujours debout ; mais la cage laisse parfois échapper les oiseaux, que l'on voit voleter çà et là et qui sont maintenant assez apprivoisés pour ne pas tourner le dos aux admirateurs qu'ils rencontrent.

Quant aux voiles, cette partie de la toilette a été également modifiée. Autrefois ces rideaux fermés hermétiquement sur la beauté étaient lourds et grossiers ; aujourd'hui ils sont devenus si fins, si légers qu'on ne sait trop, à travers leur transparence, si la femme qu'ils recouvrent est voilée ou non.

Cette émancipation relative n'a d'effet sensible que dans la rue ; car à la maison les femmes se tiennent toujours à l'écart et ne doivent jamais se mêler au cercle des amis du mari. Ainsi les mœurs actuelles tolèrent, comme on le voit, que les femmes laissent voir leurs charmes hors de chez elles au premier passant venu, au risque parfois de s'engager dans des aventures avec des inconnus, tandis qu'il leur est défendu de prendre part à d'innocentes réunions de famille.

On semble ignorer en Turquie que la meilleure école où les femmes aussi bien que les hommes puissent apprendre la bienséance et acquérir le sentiment de leur dignité respective, ce sont précisément ces réunions de famille et d'amis où les deux sexes sont confondus. L'un y puise la connaissance des affaires et de la vie pratique auxquelles il était étranger, l'autre y prend des leçons de courtoisie et de retenue. La présence des femmes est le meilleur frein que l'on puisse opposer aux passions grossières des hommes. Faute de comprendre cette vérité, le Turc se ferait couper en morceaux plutôt que d'introduire sa femme dans le cercle de ses amis.

Cette nouvelle émancipation des dames turques ne dépasse pas d'ailleurs les limites de Constantinople et de sa banlieue ; car à dix lieues seulement de la capitale, l'ancien régime subsiste encore dans toute sa rigueur. Les femmes de l'Anatolie font encore leur gracieux demi-tour à droite du plus loin qu'elles vous aperçoivent, ainsi que le faisaient leurs grand-mères.

La règle sévère du *setr-avret* n'admet qu'une seule exception ; les sultans jouissent du privilège exclusif de voir les femmes à visage découvert ; sous ce rapport, la jalousie des maris a dû céder à leur orthodoxie, car le sultan, en sa qualité de vicaire du Prophète, est considéré comme le père de ses sujets, et aussi de ses sujettes. Il n'y a donc pas de mal à ce qu'elles paraissent devant lui sans voile et sans manteau, non pas tous les jours sans doute, ni en audience privée, mais dans les grandes réceptions du palais impérial. Ces jours-là, les femmes des ministres et des hauts fonctionnaires de la Sublime Porte se présentent à Sa Hautesse avec leurs filles, leurs brus et leurs cortèges de belles esclaves, toutes éblouissantes de luxe et de parures ; coup d'œil saisissant et magique, digne de l'attention d'un sultan !

Au surplus, il est à remarquer que les souverains ottomans, pour répondre à ces témoignages de haute confiance, évitent avec soin de donner à leurs sujets aucun motif de jalousie ; sans compter qu'une loi d'État, qui date des temps les plus reculés, rend d'avance impossible toute liaison des sultans avec leurs sujettes. Cette loi, qui élève une barrière infranchissable entre les membres de la famille impériale et la nation, est une garantie assez solide pour rassurer les maris les plus ombrageux.

VII

LES DROITS DES FEMMES

Après avoir expliqué aussi nettement que possible quels sont les devoirs de la femme musulmane, il ne me reste plus qu'à parler de ses droits.

J'entends ici mes lecteurs se récrier. – Quoi ! avec des devoirs si étroits et si multiples, la femme peut-elle encore avoir tes droits ?

– Oui ; et quelle qu'en soit la nature, il convient de les examiner ici.

Le grand privilège de la femme musulmane, c'est la disposition absolue et directe de ses propres biens, qu'elle peut librement gérer sans le concours ni l'intervention de son mari.

Beau droit en théorie, mais qui, en réalité, se réduit à bien peu de chose.

Un philosophe anglais, un économiste remarquable du XIXe siècle, s'est plu à faire valoir ce droit de la femme musulmane à la libre gestion de ses biens, pour prouver que la femme chrétienne est, sous ce rapport au moins beaucoup plus mal partagée que sa sœur d'Orient.

Et cependant la moindre étude des mœurs de l'Islamisme eût démontré à M. Stuart Mill que ce privilège précieux, dont il se servait comme d'argument, était au fond illusoire et fictif ; il lui eût suffi de tenir le raisonnement suivant :

Du moment que le Coran fait de l'homme l'arbitre souverain de la destinée de la femme dans ce monde et dans l'autre ; du moment qu'il peut d'un seul mot jeter sa femme dans la rue, et aussi lui fermer la porte du ciel, que sert à la pauvre créature le droit de propriété qu'un texte de loi lui attribue ? Son mari n'a qu'à lui susciter quelques chicanes, justes ou injustes ; il saura bien trouver la clef de son coffre-fort. L'ignorance de la femme, son manque d'expérience et de point d'appui la mettent à l'entière discrétion de son seigneur et maître.

Voilà la vérité sur le droit de propriété dont jouissent les femmes turques, vérité attestée tous les jours par la ruine dont elles sont victimes. J'ajoute que proclamer leur émancipation financière et les pousser à revendiquer la libre jouissance de leur fortune, c'est prêcher la doctrine la plus dangereuse pour elles ; car si on les soustrait à la tutelle de leur protecteur naturel, on les livre sans défense à tous les fripons, à tous les usuriers qui vivent aux dépens des êtres faibles et inexpérimentés.

Et si je parle ainsi, chers lecteurs, c'est que je connais bien mon pays, et que je puis dire avec le poète :

« Nourri dans le sérail, j'en connais les détours. »

Mais il est temps de revenir à notre sujet, au droit écrit des femmes musulmanes.

En cas de partage de la succession paternelle ou maternelle, la femme ne recueille que la moitié de la part qui revient à ses frères. Car il est écrit que la femme est la moitié de l'homme (elle pourrait être à la rigueur une fraction beaucoup moindre, puisqu'en ménage quatre femmes égalent un mari !) ; il semble donc logique qu'elle ne reçoive qu'une demi-portion. Le raisonnement a même été poussé encore plus loin par Mahomet ; car il a déclaré qu'il fallait le témoignage de deux femmes pour balancer celui d'un homme. En d'autres termes, la parole d'une femme équivaut seulement à la moitié de celle d'un homme. Ainsi, toutes les fois que le tribunal exige deux témoins pour constater un fait quelconque, si ces témoins sont des femmes, on en doit requérir quatre, et ainsi de suite.

VIII

SYSTÈME SOCIAL

On a vu, par l'exposé qui précède, quelle est la condition de la femme dans la société musulmane ; il faut examiner maintenant l'ensemble du système social dont Mahomet est le fondateur, ou du moins l'organisateur.

Il est à supposer que lorsque le Prophète a conçu son projet de réforme sociale, il avait devant les yeux l'idée d'une société où la vertu devait régner en maîtresse absolue et du sein de laquelle le vice devait être à jamais banni. Dans ce paradis terrestre, les maris devaient jouir d'une tranquillité parfaite, en savourant les dons que la Providence leur prodiguait. La convoitise ainsi écartée du foyer musulman par l'abondance même des biens, la jalousie, sa sœur, se trouvait en même temps annulée et tout à fait impuissante à troubler la sérénité du harem.

Quant aux femmes, leur rôle indiqué était purement passif. Paralysées par des restrictions et des défenses de tout genre, hébétées par la réclusion, abruties par l'ignorance, elles n'avaient, pour savoir ce qu'il fallait faire ou dire, qu'à tenir les yeux constamment fixés sur le maître, pareilles à ces chiens dociles qu'un mot, un geste fait mouvoir ou retient à volonté.

Dans l'intérieur du harem, l'homme possède un pouvoir absolu ; il impose ses moindres caprices et peut leur donner un libre cours. Mais au dehors, il est tenu d'affecter une certaine réserve ; il doit étaler une pudeur hypocrite et rougir même au besoin, lorsque devant lui, il est question de femme. Aussi un musulman qui se pique de bienséance n'osera-t-il jamais parler de sa femme... et encore moins de celle d'autrui. Si cependant il se trouve obligé de faire allusion aux habitantes de son harem, il se tirera d'affaire en les désignant simplement ainsi : « les nôtres... notre enfant aveugle... celle qui a la robe courte... etc., etc. » Autant de synonymes pour éviter de dire : ma femme, ou mes femmes.

Que le mari soit forcé d'accompagner ses femmes quelque part, il se gardera bien de marcher à côté d'elles, de peur qu'on ne dise en le voyant : « Ah ! voilà les femmes de Méhémet-Agha » ; mais il se tient discrètement à distance, soit en avant, soit en arrière de la colonne féminine, tout en la surveillant d'un œil sévère. S'il fume en route son chibouck ou s'il tient un bâton à la main, il a tout l'air d'un de ces braves campagnards qui conduisent au marché leurs troupeaux d'oies ou de dindes.

La séparation complète des sexes est le principe fondamental de la société musulmane. Tous les préceptes, tous les usages dérivent de cette idée. Ainsi, de même que chaque sexe a son appartement, il a aussi ses meubles, ses heures d'occupation ou de loisir, ses fréquentations et ses amitiés. Dans les grandes familles aussi bien que chez les classes moyennes, les femmes prennent leurs repas à part et reçoivent leur monde à elles, sans que les maris aient l'idée d'aller rejoindre leurs cercles intimes. Quant aux gens des classes inférieures, réduits à une vie plus étroite et plus économique, ils dînent tous ensemble, hommes et femmes, et habitent les mêmes pièces ; mais le repas une fois terminé, les hommes s'en vont au café et laissent les femmes au logis.

De cette façon la société musulmane semble obéir à l'action d'une force supérieure qui divise les sexes an lieu de les attirer l'un vers l'autre ; et c'est en cela que se trahit le vice organique du système mahométan, qui contrarie les lois de la nature, au lieu de les prendre pour bases de l'ordre social. Mahomet n'a pas su se rendre compte, non plus que le reste des Orientaux, de cette vérité incontestable, c'est que l'homme et la femme ne sont que les deux parties d'un même tout, et que par conséquent l'une de ces moitiés ne saurait se passer de l'autre, et que c'est seulement par leurs efforts simultanés qu'ils peuvent atteindre à ce degré de civilisation où se poursuit le progrès moral et matériel.

La théorie du Prophète a produit un résultat tout contraire : la séparation des sexes, en amenant la réclusion des femmes et l'isolement des hommes, a supprimé en Turquie le vrai lien de la société et arrêté la marche de la civilisation. Chaque musulman ne vit que pour soi-même. Désintéressé de la vie publique et du bien-être général, il ne songe qu'à anticiper sur les joies de la vie éternelle en faisant de son harem un petit paradis, embelli par tout le luxe et les agréments que ses moyens lui permettent. Les villes et les villages musulmans ont toujours présenté l'aspect d'une agglomération de réduits souterrains au fond desquels les habitants cachent leur vie mystérieuse. Tout ce qui est visible est muet et désolé. L'égoïsme individuel de l'homme a tué chez lui toute espèce de souci de l'intérêt public, et particulièrement de ce confortable qui préoccupe tant les femmes. Ainsi les rues ne sont ni pavées ni éclairées ; la population n'a ni promenades publiques ni lieux de réunion ; enfin les améliorations les plus urgentes sont méconnues ou négligées.

Le plus grand mal qui pèse sur la société musulmane en paralysant sa vitalité, c'est l'incapacité des femmes. Cette incapacité, comme je l'ai déjà fait remarquer, est le résultat de l'asservissement dégradant auquel elles sont généralement condamnées.

En théorie, la femme est incapable, parce qu'on ne lui enseigne absolument rien, si ce n'est le Coran qu'elle lit sans comprendre, plus quelques futilités romanesques. Quant à la littérature proprement dite, il y a bien peu de femmes qui soient en état de l'apprécier ; il leur faudrait pour cela une étude des langues arabe et persane qui leur manque. Les journaux sont aussi une lecture à peu près inabordable pour elles, à cause de ce langage pompeux et imagé que les écrivains turcs ont la manie d'employer à tout propos et qui n'est que de l'hébreu pour les masses.

L'incapacité des femmes, c'est-à-dire leur ignorance complète de tout ce qui se passe dans le monde, est due à leur réclusion et à la séparation des sexes.

Chez les classes aisées, les occupations des femmes ne consistent guère qu'à boire, manger et s'habiller. Les promenades, les visites et le tumulte des noces emploient le reste de leur temps. Ajoutons que les femmes s'amusent à babiller, à jouer et à chanter. Je ne parle ici ni des commérages ni des nouvelles du jour colportées de maison en maison, passe-temps usité dans presque tous les pays.

Obligées de vivre toujours entre elles, les femmes turques n'ont naturellement qu'un cercle très restreint d'idées, autour duquel elles tournent sans cesse, et leurs connaissances se réduisent aux sujets peu nombreux que le caquetage féminin met en circulation. Le seul moyen de développer leur esprit et de lui fournir des aliments plus variés serait l'introduction de l'élément masculin dans leurs cercles familiers, mais cette ressource leur étant interdite, elles sont dès lors condamnées à ne jamais être initiées aux questions importantes qui intéressent leur bien-être, celui de la société et celui du monde en général.

Il ne faut donc pas s'étonner si les femmes sont incapables de veiller à leurs propres intérêts et de mener à bien les affaires les plus simples, quoiqu'une loi dérisoire leur confie l'administration de leurs biens. Tout ce qu'elles savent, le voici : prendre de l'argent pour le dépenser ; et quand elles n'en ont plus, tendre la main pour en avoir encore.

Si la femme turque est étrangère à ses propres affaires, elle connaît encore moins celles de son mari, et celui-ci, naturellement, ne songe guère à la mettre au courant des questions relatives à leurs intérêts communs. Cette discrétion porte ses fruits ; ce n'est rien moins, bien souvent, que la misère pour les femmes et la ruine pour les familles.

À peine, par exemple, un père de famille a-t-il fermé les yeux qu'une nuée de crieurs et d'officiers publics vient s'abattre sur la maison. On se hâte de mettre en vente jusqu'aux hardes du défunt, sous prétexte de sauvegarder les intérêts de la veuve et des orphelins. La pauvre femme, qui n'y entend absolument rien, perd bientôt la tête au milieu des réclamations, des chicanes et des vols même de ses prétendus protecteurs. Si les biens mis à l'enchère ont appartenu à un grand personnage, à quelque pacha par exemple, c'est bien pis encore ; les héritiers et les veuves ont alors à compter avec l'avidité des autres pachas, confrères du défunt, qui, ainsi qu'une bande de loups affamés, se jettent avidement sur ses dépouilles.

Après eux viennent les prétendants, autres gens de proie qui fondent avec ardeur sur la veuve ou les veuves d'un homme riche. Leurs attaques réussissent presque fatalement ; car il est à peu près impossible qu'une veuve turque soit en état de résister aux entreprises d'un nouveau mari. La veuve européenne qui a une fortune à défendre trouve mille moyens d'échapper au pillage de ses biens ; le premier de ces moyens, c'est de tenir à distance l'homme avide qui convoite sa main, et si les convenances s'opposent à ce qu'elle ait recours à ce genre de défensive, elle saura montrer au besoin des griffes et des dents pour faire respecter son indépendance. Mais la pauvre musulmane ne peut, hélas ! ni écarter le loup de la bergerie ni le repousser une fois qu'il y a pénétré. En effet, que la femme soit riche ou pauvre, elle ne saurait, en Turquie, se passer d'un mari. Le mari est un protecteur obligé. C'est l'épouvantail qui éloigne du verger les oiseaux et les autres visiteurs dangereux ; c'est le préservatif contre les averses de médisances et de calomnies que les voisins font pleuvoir sur la femme ; c'est le cadenas qui ferme aux passants l'accès du foyer. Il faut qu'un mari soit là ; c'est sur lui que la femme compte et qu'elle se repose de toutes les affaires intérieures que l'homme est seul capable de régler.

Toutes ces fonctions importantes auxquelles l'homme est appelé en font donc un être indispensable pour la femme turque. Aussi, dès qu'un premier mari vient à mourir, la voilà forcée d'en choisir un second, et si le sort veut que celui-ci meure aussi ou l'abandonne, il faut que la pauvre créature se rattache encore à quelque autre.

Il n'est donc pas rare de trouver à Constantinople des femmes qui s'applaudissent d'avoir appartenu successivement à cinq ou six maris. *Shocking !* s'écrierait une dame anglaise ; et les dames turques en diraient bien autant, si leur faiblesse ne réclamait pas l'appui d'un mari, comme l'aveugle celui d'un bâton. Que la mort ou le divorce leur enlève ce soutien, elles sont bien forcées de le remplacer par un autre ; et il en sera ainsi de toute éternité.

Ces maris de rechange ne valent guère mieux les uns que les autres. Ils ne songent presque tous qu'aux moyens de soutirer l'argent de la veuve et de s'approprier quelques effets ; après quoi ils divorcent et vont chercher fortune ailleurs. Lorsqu'enfin son dernier mari l'abandonne, la malheureuse femme est arrivée à l'âge où personne ne veut plus d'elle, car de son ancienne fortune et de celle de ses enfants, il lui reste à peine quelques débris.

IX

L'ÉDUCATION DE FAMILLE

L'éducation première, celle que les enfants reçoivent dans la famille, doit être en tous pays la base de l'instruction publique et universitaire. La mère de famille est le premier maître qui introduit dans ces jeunes cœurs les germes de savoir destinés à s'y développer. Si ces germes leur sont inoculés d'une main habile, le précepteur n'aura plus qu'à élever des sujets sains et vigoureux ; dans le cas contraire, tous ses efforts se briseront contre une nature engourdie et inerte, incapable de surmonter les obstacles que présentent les études sérieuses.

La source de tout progrès, c'est donc cette éducation de famille que dispensent, au milieu des caresses, les douces leçons d'une mère. Mais après ce que je viens de dire de l'incapacité des femmes musulmanes, on comprend qu'il y a bien peu de mères en Turquie qui soient en état d'enseigner quelque chose à leurs enfants. Il faut cependant rendre justice aux femmes turques : en général ce sont de bonnes mères qui s'efforcent de procurer à leurs fils l'instruction dont elles se sentent elles-mêmes dépourvues ; elles les envoient le plus tôt qu'elles peuvent aux écoles, aux lycées et s'imposent beaucoup de sacrifices pour les élever. Mais ces efforts, quelque louables qu'ils soient, ne suffisent pas pour racheter le vide et l'oisiveté des premières années. Quand l'instruction maternelle a manqué, il devient bien difficile à l'enfant de regagner le temps perdu pour son intelligence.

La vérité qui se dégage de cet état de choses, c'est que toujours le mai porte avec soi son châtiment. Ainsi les coupables auteurs de l'asservissement de la femme sont punis par l'ignorance de leurs enfants et l'abâtardissement de leur race.

Pour apprécier toute la portée de ce châtiment, il est bon de comparer dans leurs progrès les civilisations de l'Orient et de l'Occident. Les enfants élevés d'après le système européen commencent leur éducation en famille, par les enseignements maternels, depuis l'âge où ils sont en état de raisonner jusqu'à celui de huit à neuf ans, où on les confie aux soins d'un précepteur. Je dois même ajouter que cette éducation donnée par la mère se prolonge souvent au-delà de cette époque et sert encore de guide à l'enfant à travers les difficultés des premières études.

Les enfants musulmans du même âge entament ces études avec un désavantage bien marqué, puisque pendant la première période (celle de l'enfance) ils n'ont reçu de leur mère aucune espèce d'instruction. L'enfant chrétien et l'enfant musulman se trouvent donc, à neuf ans, bien différents l'un de l'autre ; le premier peut se comparer à un champ bien préparé où le maître n'aura plus qu'à jeter une semence féconde, tandis que l'autre ressemble plutôt à une terre inculte et non encore défrichée. Cette avance une fois prise, l'enfant chrétien continuera à la garder, tandis que l'enfant musulman, hors d'état de regagner la distance perdue, se ressentira toute sa vie du vide de ses premières années.

Appliquez ce parallèle à des masses de populations, et vous pourrez vous rendre compte de l'ascendant que l'Occident exerce sur l'Orient, ainsi que de la lenteur des peuples musulmans à se transformer, ou plutôt à se réformer.

La première réforme qu'ils auraient dû entreprendre, c'est l'émancipation de la femme. Tant que celle-ci sera paralysée dans son action et dans son esprit, la société gagnera peu de chose à ouvrir des écoles, à améliorer les systèmes administratif ou militaire. Remontez à la source ; commencez par renouveler les pépinières humaines, et vous aurez des hommes !

Si Pierre le Grand n'eût pas inauguré son œuvre en proclamant l'émancipation de la femme, où la Russie en serait-elle aujourd'hui ?

— Dans les steppes de la barbarie.

X

LA DEMANDE EN MARIAGE

Après avoir exposé la situation respective des deux sexes dans les pays musulmans, après avoir démontré que l'organisation sociale de ces peuples repose tout entière sur le principe de la séparation des hommes et des femmes, il faut expliquer au lecteur comment ils en sont venus à se rapprocher.

Il y a en Turquie deux modes de mariage : l'homme choisit sa femme, ou il l'achète. Le mariage par choix, c'est l'union avec une fille libre (*houres*) née de parents musulmans. Le mariage par achat, c'est celui que l'on contracte avec des esclaves ou des filles qui passent pour telles.

Examinons le prunier mode, celui qui se rapproche le plus des notions européennes.

Le mariage au choix se conclut par l'intermédiaire des parents ou des connaissances de telle jeune fille que le futur n'a jamais vue. *Choisir* les yeux bandés celle qui doit devenir notre femme, est à coup sûr une bizarrerie, ou pour mieux dire une absurdité sans pareille. Mais comment agir autrement du moment qu'une loi sainte a ouvert un abîme entre les deux sexes, abîme que le mariage seul peut franchir ?

Voir d'avance la jetas fille que l'on veut demander en mariage, l'aborder, causer avec elle, ce sont là des choses impossibles en Turquie ; il n'y faut même pas songer.

Au temps de la vieille orthodoxie, si un homme eût été assez fou pour demander qu'on lui laissât voir, ne fût-ce qu'un instant, celle qu'il se proposait d'épouser, savez-vous quelle réponse les parents lui auraient faite ?

– Impertinent ! pour qui nous prenez-vous ? sachez bien que nous sommes en état de vous garantir la qualité de tout ce qui sort de chez nous !

Quoique depuis vingt ans, ces allures farouches aient été quelque peu adoucies par l'influence des mœurs européennes, au fond les mêmes idées subsistent, et aujourd'hui encore demander une entrevue avec sa future, ce serait faire une double injure à la demoiselle et à sa famille.

Il faut donc de toute nécessité avoir recours à des intermédiaires, voir par leurs yeux et se passionner de confiance. En tous pays, il est vrai, le mariage a été comparé à une loterie ; mais en Turquie l'analogie est complète, car les deux futurs vont au tirage en aveugles.

Pour mieux faire comprendre au lecteur comment se préparent ces sortes de mariages, il serait bon, je crois, de prendre un exemple et de personnifier les coutumes légales dans le prétendant qui est tenu de s'y conformer.

Choisissons par exemple un individu quelconque que nous appellerons Izzet-Bey et qui désire se marier ; et suivons-le pas à pas à travers les négociations et les formalités qui doivent le conduire à son but.

Il faut supposer d'abord que le jeune Izzet-Bey a confié ses intentions à sa mère. Une mère est en pareil cas la première dépositaire du secret de son fils. Quant aux jeunes gens qui n'ont pas de parents, ils ont recours à l'entremise de quelque dame de leur connaissance.

Une fois préparée, la mère d'Izzet-Bey se met à l'œuvre sans tarder. Son premier soin est de s'informer des filles à marier qui pourraient convenir à son fils. Ces informations, elle les puise chez ses amies, ses connaissances et aussi parmi les femmes qui font métier de colporter de maison en maison les nouvelles du jour.

Dès qu'elle se croit suffisamment renseignée, la mère d'Izzet-Bey, qui a pris les adresses des maisons où se trouvent des jeunes filles disponibles, monte en voiture et va frapper aux différentes portes. Remarquez, je vous prie, que cette dame, en quête d'une femme pour son fils, ne songe pas même à avertir d'avance les parents du but de sa visite. Il ne lui vient pas non plus à l'esprit de se munir de quelque lettre d'introduction, dont l'effet serait de mettre les intéressés à même de se connaître quelque peu avant de s'engager dans des pourparlers d'une telle importance. Unir les cœurs, c'est-à-dire arranger des mariages, est aux yeux des femmes turques une œuvre méritoire. Faut-il donc s'étonner qu'on néglige les recommandations étrangères, quand on se recommande soi-même par l'empressement dont on fait preuve en pareille affaire ?

C'est au même ordre d'idées qu'il faut attribuer l'usage d'ouvrir toutes grandes les portes du harem à toute personne, congrue or non, qui se présente au nom de quelque prétendant à la main de la fille de la maison. Cette coutume est si universellement adoptée qu'elle a droit de figurer parmi les institutions du pays. En effet, l'emploi continuel de ces intermédiaires bénévoles qui se chargent de négocier des mariages a donné naissance à un terme caractéristique. Ainsi de l'infinitif *geurmek*, voir, on a tiré le substantif *geurudji*, la *voyeuse*, c'est-à-dire celle qui est chargée de voir la fille que l'homme qu'elle représente veut épouser. La *voyeuse* est donc investie, en quelque sorte, de ce caractère sacré qui protège un ambassadeur ou un envoyé quelconque ; voilà pourquoi elle a toujours son entrée libre dans toutes les maisons, et pourquoi tous les parents lui laissent voir leurs filles. Il faudrait qu'ils eussent un motif bien grave pour écarter les *voyeuses* que le ciel ou le sort leur envoie.

La mère d'Izzet-Bey est donc sûre de trouver partout où elle se présentera l'accueil le plus empressé et le plus courtois. L'usage veut que ce soit au moment où les esclaves s'approchent pour la débarrasser de son voile et de son feradjé (manteau), qu'elle leur fait comprendre l'objet de sa mission. La mère de la jeune personne, informée de cette visite, se hâte de rejoindre l'inconnue et se place auprès d'elle sur le divan. Mais déjà elle a donné ses ordres pour que sa fille soit habillée, coiffée et parée avec tout le soin possible, de manière à éblouir dès le premier abord la mère de son futur. Pendant que la demoiselle est à sa toilette, les deux mères emploient leur premier tête-à-tête à cet assaut de compliments et de civilités banales dont les femmes de tous les pays sont si prodigues, quand elles n'ont rien de sérieux à se dire.

Mais tout à coup l'apparition de la jeune fille coupe court à cette conversation insignifiante et amène un changement de scène des plus piquants. À peine l'a-t-on vue soulever la portière que les yeux s'attachent sur elle. Confuse et rougissante, elle s'approche en chancelant de la dame étrangère, et s'incline gracieusement devant elle pour saisir et baiser le bas de sa robe. Puis elle se retire de quelques pas en arrière, et là elle reste debout dans l'humble attitude d'une esclave soumise à l'inspection d'un acheteur. Dès que la mère d'Izzet a vu paraître la jeune fille, les premiers mots qui sortent de sa bouche sont ceux-ci :

– *Mach Allah ! mach Allah !*

Ce qui veut dire : merveille de Dieu ! merveille de Dieu ! Cette exclamation, consacrée par le Coran, est de rigueur toutes les fois qu'on veut exprimer l'admiration que produit sur nos sens un être animé ; une belle femme, un beau cheval, etc. La croyance musulmane attribue à cette invocation du nom de Dieu une vertu et une puissance toutes spéciales, celles d'amortir et de paralyser l'influence du *mauvais œil*, la *jettatura* des Napolitains.

C'est cette foi superstitieuse qui oblige les musulmanes en quête de mariage à s'écrier mach Allah ! merveille de Dieu ! (même quand la jeune fille à marier n'a rien de merveilleux) car autrement on les tiendrait responsables de tous les maux qui pourraient frapper celle sur qui elles ont fixé les yeux. – Ah ! dirait-on alors, ce sont leurs regards qui lui ont porté malheur !

Après les inévitables mach Allah vient l'examen minutieux de la jeune fille. La mère d'Izzet, d'un œil expert, commence son inspection par le visage et s'arrête enthousiasmée :

– Mach Allah ! madame, votre fille est comme une lune ! une pleine lune [1] !

Que ses yeux et ses cheveux sont noirs ! Mach Allah !

Sa chevelure tombe jusqu'aux talons ! sa taille et son embonpoint ne laissent rien à désirer ! et quelle peau lisse ! une vraie chair de poisson, mach Allah [2] ! Si c'était une esclave, madame, elle vaudrait au moins mille bourses ! (environ 100,000 fr.).

Après ces louanges exaltées qui enchantent la mère et ne déplaisent point à la fille, celle-ci se retire modestement, pour laisser les deux mamans débattre ensemble la question du mariage. C'est naturellement la mère d'Izzet qui la première entame le sujet, et elle se met à son tour à faire l'éloge de son fils. C'est, à l'entendre, un Adonis ! Et en même temps, c'est un génie ! il a remporté le premier prix à l'École ; une carrière magnifique lui est ouverte et ses triomphes ne sont qu'une question de temps ! Si quelqu'un a jamais eu la certitude de devenir pacha en six mois, c'est bien mon fils, madame, mon fils Izzet-Bey !

Quant au point essentiel, l'argent, la mère d'Izzet se hâte de déclarer à la mère de la jeune fille que son fils a toutes les ressources nécessaires pour entretenir le ménage. Le chiffre sera fixé lus tard.

Après avoir traité ces différents sujets, les deux mères prennent congé l'une de l'autre avez force civilités et en se donnant mutuellement l'assurance que « si le sort le veut » (formule ordinaire du fatalisme oriental), elles ne mettront aucun obstacle à l'union de leurs enfants.

Cette manière de se retirer sans prendre d'engagement formel est un exemple de la finesse diplomatique que savent déployer les femmes de tous les pays, dans les affaires qui les intéressent.

En sortant de cette maison, la *voyeuse* va jouer la même scène dans une autre, jusqu'à ce qu'elle ait parcouru tout le cercle des familles qui lui ont été signalées.

Lorsqu'elle rentre enfin chez elle, elle est aussitôt prise à partie par son Izzet, qui l'accable de cajoleries et de caresses pour savoir le résultat de ses démarches. Elle raconte alors tout ce qui lui est arrivé pendant qu'elle remplissait sa mission de *voyeuse* ; elle énumère une à une toutes les maisons qu'elle a visitées et toutes les beautés qu'elle y a vues. Dans telle famille, il y a une jolie blonde qui lui a beaucoup plu, mais qui, sous certains rapports, n'est pas ce qui convient. Dans telle autre, il y a une charmante personne, fille d'un riche négociant d'Égypte, mais la mère ne semble pas disposée à installer un gendre dans son intérieur, elle tient plutôt à se débarrasser de sa fille.

– Ô mon fils ! s'écrie tout à coup la mère avec émotion, je crois avoir trouvé la femme qu'il te faut : c'est la fille de Hadji-Usam-Effendi, qui demeure sur l'Et-Meïdan ; elle est belle ; elle est ravissante !

Suit une description détaillée des charmes de la jeune fille que j'ai présentée à mes lecteurs. Naturellement ce portrait enflamme l'imagination du jeune homme, qui déjà rêve le paradis.

– Enfin, cher Izzet, lui dit-elle pour couper court à toutes ses questions, cette jeune fille est un vrai diamant ; quant à ses parents, tout ce que je puis t'assurer, c'est que ce sera un grand bonheur pour toi d'entrer dans une telle famille.

Dès ce moment, Izzet-Bey a la tête montée, le cœur pris, et le voilà qui s'enthousiasme follement pour un objet qu'il n'a jamais vu. Nuit et jour il songe aux perfections de la fille de Hadji-Usam ; il contemple en idée ce beau visage arrondi et plein comme la lune, déroule cette chevelure noire comme l'ébène qui tombe jusqu'aux talons, et admire les contours de ces bras délicats et rebondis comme de la chair de poisson.

Les lecteurs européens auront peine à croire que l'on puisse s'exalter ainsi à propos d'une personne inconnue. Ce phénomène pourtant se reproduit sans cesse en Orient, et c'est à coup sûr le signe le plus éclatant de la toute-puissance de l'imagination. Chez les peuples de l'Occident, il faut au moins quelques regards, quelque rapprochement, quelques entretiens pour que la jeunesse prenne feu ; chez les Orientaux, l'amour s'allume de lui-même, et le cerveau supplée à tout. Cette passion idéale qui peut embraser à distance deux êtres placés aux deux extrémités de Stamboul, a pour principaux aliments la curiosité et la solitude. Sous cette double action, elle parvient souvent à un degré d'intensité et de violence que ne connaît pas l'amour développé dans des conditions moins romanesques. Il faut croire que l'objet de nos désirs, lorsqu'il est hors de portée, excite une ardeur bien plus vive que si on l'a, pour ainsi dire, sous la main. Moins on peut le saisir, plus il paraît précieux, et l'on prête à l'inconnu toute sorte d'attraits merveilleux dont il faut bien retrancher quelque chose en face de la réalité. Or, cette réalité n'existe pas chez les Turcs avant le jour du mariage ; qu'on ne s'étonne donc pas de voir leur amour, accru par tant d'obstacles, s'exalter jusqu'au paroxysme ; c'est ce que l'on appelle *achk*, par opposition à l'amour plus modéré que l'on désigne sous le nom d'*alaka*.

Cependant il y a bien des gens en Europe qui ne croient pas à l'amour musulman.

— Est-ce qu'un Turc peut aimer ? ai-je entendu dire bien souvent.

N'en déplaise à ces messieurs et à ces dames, un amoureux en Turquie est aussi fou que partout ailleurs ; il l'est même plus, pour les raisons que je viens d'indiquer. Cependant la mauvaise renommée que l'on a faite à l'amour des Turcs ne manque pas d'une certaine base de vérité ; il a le défaut de n'être pas constant, et cette inconstance est précisément en raison directe de l'exaltation dont j'ai parlé ; tant qu'il n'a pas vu l'objet de ses rêves, le musulman se monte follement la tête ; une fois qu'il s'en est rapproché, l'être idéal disparaît et l'être réel qui le remplace se présente avec les imperfections inhérentes à la nature humaine. Dès lors le charme est rompu et l'imagination désenchantée s'envole à la recherche d'une nouvelle idole toujours incomparable tant qu'elle reste inconnue ; puis la même désillusion se renouvelle avec les mêmes espérances après une seconde épreuve, jusqu'à ce que d'idéal en idéal, on se retrouve avec quatre femmes bien réelles sur les bras, sans compter les esclaves, les odalisques, celles-là bien connues d'avance.

En Europe [3], de pareilles déceptions ne peuvent se produire que si les hommes ont quelque intérêt à se montrer aveugles, ou s'ils ont affaire à d'habiles comédiennes. D'ailleurs la femme européenne a aussi son mot à dire dans la question, et son veto en change complètement les termes.

XI

FIANÇAILLES

Cette digression sur l'amour à l'orientale nous a fait perdre de vue Izzet-Bey et sa mère, auxquels il est temps que nous retournions.

Izzet est devenu, comme je l'ai dit, passionnément épris de la fille de Hadji-Usam-Effendi ; le rapport de sa mère et quelques heures de rêverie ont suffi pour lui donner la fièvre. Des symptômes étranges se manifestent ; il chante, il soupire, il pleure. Parfois l'eau-de-vie vient réconforter son âme défaillante et, grâce à ce nouvel excitant, le jeune homme en arrive au plus haut degré de l'extase. En pareil cas, le premier soin d'un amoureux est de trouver un moyen de se mettre en rapport avec l'objet de sa passion. Ces moyens, en Turquie, sont les émissaires, les billets doux, les petits cadeaux, etc.

Izzet-Bey ne perd pas de temps ; il dépêche aussitôt des intermédiaires près de sa belle inconnue ; un va-et-vient de messages s'établit d'une maison à l'autre ; des femmes complaisantes ou des esclaves de confiance courent incessamment échanger des lettres, des corbeilles de fleurs ou de fruits, ou même de tendres paroles. Le jeune homme profite de ces facilités pour avertir la jeune fille du jour et de l'heure où il passera sous sa fenêtre ; car il s'agit à présent de lui plaire, de la charmer, s'il se peut, par les grâces de sa personne et la séduction de ses manières. Le jour venu, Izzet-Bey se transforme en vrai dandy, cheveux frisés, moustaches retroussées, taille bien pincée, et prenant un air conquérant et fascinateur, il se prélasse à l'heure convenue devant la maison de la jeune fille.

De son côté elle n'a garde de manquer au rendez-vous. Cachée derrière le grillage de sa fenêtre, elle jouit de l'avantage de voir sans être vue. À côté d'elle se tient la confidente du jeune Izzet ; elle est là pour désigner à la jeune fille son futur mari, de peur qu'elle ne le confonde avec les autres passants.

Voilà qu'en effet on voit déboucher dans la rue à une certaine distance un jeune homme élégant, qui marche d'un pas mesuré, en tenant les yeux fixés sur les fenêtres. Du plus loin qu'elles l'aperçoivent, les deux curieuses trahissent involontairement leur agitation par de sourds murmures et de petits rires étouffés. Lui qui se sent regardé, admiré peut-être, par cette créature invisible qui doit un jour devenir sa femme, se rengorge en lui adressant un salut gracieux et poursuit son chemin. Il se peut que la fille réponde à ce salut en passant son petit doigt à travers le grillage ; mais l'amoureux ne doit pas compter sur une telle faveur, réprouvée par les mœurs comme contraire à la bienséance.

Après que la jeune fille a vu son fiancé, c'est au tour de celui-ci de la voir. La vieille étiquette ne permettrait pas une telle liberté, ainsi que je l'ai déjà dit ; mais aujourd'hui un premier pas a été fait, et il est admis en principe que ceux qui doivent se marier ensemble ont le droit de se voir, soit à travers une grille, soit à ciel découvert une fois au moins avant les noces. C'est là un progrès remarquable, dont il est juste de tenir compte.

Pour montrer la jeune fille à Izzet-Bey, on prend donc un nouveau rendez-vous. La personne chargée d'en faire part au jeune homme entre chez lui, tout émue d'une joie folle, et le salue en ces termes :

– *Mujdé ! mujdé !* (bonne nouvelle !). Que me donnerez-vous, mon Bey ?

– Tout ce que tu voudras, répond Izzet presque hors de lui : parle, parle vite.

– Eh bien, ajoute la messagère, demain, à quatre heures de l'après-midi, on vous attend aux Eaux-Douces. Si vous voyez un carrosse jaune, attelé de chevaux gris, regardez bien dedans ; la dame en féradjé rose, c'est la nôtre.

Dès ce moment, voilà le cœur du pauvre Izzet qui se met à battre avec violence ; son imagination s'enflamme de plus eu plus, les heures et les minutes deviennent des siècles pour lui. Toute la nuit un carrosse jaune et dès chevaux gris passent et repassent devant ses yeux.

Dès le matin il fait une grande toilette et court aux Eaux-Douces. Arrivé là deux heures d'avance, il va s'asseoir sous quelque ombrage bien choisi, d'où il puisse guetter les carrosses jaunes. Tout à coup la vue des signes convenus lui annonce l'approche de sa future, il se dresse sur ses pieds et plonge un regard avide au fond de la voiture. Elle passe, et l'heureux jeune homme contemple pour la première fois... le voile et le manteau de la femme qu'il doit épouser ! Il faut que cette vue lui suffise, et en signe de reconnaissance, il fait à sa fiancée un salut profond qu'elle lui rend avec grâce. Là-dessus, le cocher fouette ses chevaux gris, laissant le pauvre Izzet encore tout saisi de cette apparition fantastique.

À présent que les deux futurs en sont venus à se bien connaître (à la turque), les parents se mettent à l'œuvre et pressent les négociations préliminaires. Huit jours suffisent pour compléter les renseignements sur l'un et sur l'autre et prendre les arrangements pécuniaires. Il ne reste plus qu'à s'occuper des préparatifs de la noce ; c'est une affaire qui doit se régler dans la quinzaine.

Ainsi, trois semaines seulement séparent les fiançailles de la cérémonie du mariage ; ce qui me semble fort bien entendu. Que sert-il en effet d'attendre des mois et des années, comme c'est trop souvent le cas en Europe ? Il y a un proverbe qui dit : Il faut battre le fer pendant qu'il est chaud. Si ce proverbe est vrai pour les circonstances ordinaires de la vie, il l'est bien plus encore pour les mariages.

Une fois qu'on est d'accord sur tous les points essentiels, la famille d'Izzet envoie à la jeune fille les cadeaux de fiançailles, c'est-à-dire une petite cassette en argent, un miroir de même métal et divers autres objets de toilette. De son côté, la fiancée fait remettre à son futur des présents réservés à l'usage des hommes, par exemple un châle de prix, une riche tabatière, des bretelles brodées, etc.

XII

AGHIRLIK, OU LA DOT DES HOMMES

Quelques jours après les fiançailles a lieu la remise de l'*aghirlik* : c'est une somme d'argent envoyée par le mari et qui est censée représenter le poids équivalent de sa future. Car le mot *aghirlik* signifie en turc pesanteur, et s'emploie pour définir la somme que le promis doit payer au père de la jeune fille. On voit que cette coutume est tout à fait l'inverse de ce qui se passe en Europe, où c'est l'homme qui demande une dot et qui se fait payer pour prendre une femme. Chaque pays a ses usages et je ne déciderai pas quel est le meilleur. Celui de payer au père une somme qui représente le poids spécifique de sa fille a une origine singulière.

Jadis, un musulman qui avait une très belle fille à marier, criait à tous ceux qui venaient lui demander sa main : – Mon cher, ma fille est un trésor, et je ne la donnerai qu'à celui qui mettra son poids en or dans l'autre plateau de la balance. Effrayés par ces exigences, tous les amoureux faisaient retraite, les uns pour ne plus revenir, les autres pour se procurer le pesant d'or de la demoiselle. L'avidité des parents est donc la première cause de cette vieille coutume encore en vigueur aujourd'hui, avec des altérations pourtant assez sensibles quant au poids présumé de la fille, c'est-à-dire à la somme à payer. En effet l'*aghirlik* se réduit maintenant à assez peu de chose ; c'est à peine si l'on donne quatre à cinq mille francs pour les filles de premier choix. Le temps, comme on le voit, a singulièrement affaibli des prétentions fondées sur un injuste équilibre ; et cela est fort heureux, car aujourd'hui les filles ne se placeraient guère, pour peu qu'elles fussent douées de ce luxe d'embonpoint qui plaît si fort en Turquie.

Izzet-Bey, qui n'a pas prétendu épouser la fille d'un prince égyptien, sait se tirer d'affaire à peu de frais, et contente le père de sa fiancée avec quelques milliers de piastres. Mais qu'on ne croie pas que cet argent entre dans la poche du beau-père ; non ! Le brave homme tient à faire les choses grandement, d'une manière digne de lui, et son plus grand bonheur sera d'entendre dire que personne n'a jamais fêté la noce de sa fille avec autant d'éclat que Hadji-Usam Effendi.

Pour se rendre compte des prodigalités, je pourrais même dire des extravagances où les pères de famille se laissent entraîner dans ces occasions, il est bon de savoir ce que c'est qu'une noce turque. C'est tout le contraire de ce qui se passe en Europe : là on fait une noce pour se marier ; en Turquie, on se marie pour faire une noce.

Les Occidentaux qui se marient pensent d'abord à ce qu'ils feront après le mariage, et comment ils tiendront leur maison, et de quelles ressources ils disposent à cet effet. Les noces n'occupent qu'une très petite place dans leurs calculs ; ils ne les envisagent que comme une formalité qu'il faut accomplir bon gré mal gré. Mais, en Orient, l'idée dominante des fiancés et fiancées, des pères et des mères, même des grands-pères et des grand-mères, et des parents à tous les degrés, c'est de célébrer les noces avec le plus de magnificence et de retentissement possible. Quant à ce qui suivra, c'est un problème renvoyé au *Kismet* (la fatalité), seule divinité compétente pour décider du sort des époux. L'essentiel, c'est de se marier bruyamment, brillamment, et l'on se débarrasse du reste en s'écriant : « *Allah Kerim !* Dieu pourvoit à tout. »

Cette tendance de l'esprit musulman fait de la célébration des noces la question par excellence non seulement dans les familles où il y a des filles à pourvoir et des jeunes gens à marier, mais aussi dans le public toujours avide de plaisirs et de fêtes. La société féminine des harems ne s'occupe pas d'autre chose. Je sais bien qu'en tout pays les mariages sont une affaire où les femmes ont le rôle actif et prépondérant ; seulement, en Orient, elles n'ont pas d'autre souci que de songer aux noces, de préparer des noces et de courir aux noces. Les parents se croient quittes de toute obligation envers leurs filles quand ils les ont amenées jusqu'à la cérémonie, bien attifées, bien parées, par conséquent bien heureuses. De leur côté, comme celles-ci n'ont jamais fait que se monter la tête à propos du faste et de la pompe qu'on étale dans ces solennités, comme dès l'âge de cinq ou six ans elles ont entendu parler des toilettes merveilleuses et des pierreries qu'elles porteront quand on les mariera, rien d'étonnant qu'elles voient dans le jour des noces le but suprême de la vie, le signal du bonheur terrestre. Vienne ensuite le déluge, peu leur importe ; n'est-ce pas assez d'un jour de gloire ? Ce jour, c'est pour les femmes ce qu'était pour les Israélites la colonne de feu qui les guidait dans le désert ; ceux qui la précédaient se retournaient pour la contempler, et ceux qui la suivaient tenaient les yeux fixés sur elle.

Duyun (les noces) est un mot qui se retrouve constamment dans la bouche des femmes, qu'elles soient filles, mariées ou veuves ; l'espérance chez les unes, le souvenir chez les autres lui prêtent un égal attrait. Les vieilles mêmes tressaillent d'émotion, lorsqu'il leur arrive de parler du jour de leurs noces. Telles qui ont oublié leurs maris, leurs enfants, jusqu'aux souffrances d'une vie misérable, se redressent avec orgueil en se rappelant l'éclat de cette grande journée. Il m'est arrive parfais d'en interroger quelques-unes sur leur existence passée ; rarement j'obtenais une réponse ; mais si j'abordais le chapitre des noces, aussitôt la langue se déliait : j'avais touché la corde sensible.

– Ah ! si vous aviez assisté à mes noces, mon Bey, disait l'une, voilà qui était digne d'être vu !

– Mes noces ont fait fureur, s'écriait l'autre ; toute la ville y était !

Ces exclamations étaient suivies de soupirs qui partaient du fond du cœur.

– Hélas ! ajoutait une troisième, il fallait voir comme j'étais mise ce jour-là ! J'étais coiffée et parée comme une sultane ; je portais un vrai diadème ; ma ceinture resplendissait de diamants ; ma robe était d'une étoffe toute lamée d'or ; que j'étais belle, mon Dieu !

En rappelant ainsi ce qu'elle avait été, la pauvre vieille se remettait à énumérer complaisamment la foule qui l'avait admirée, les fleurs qu'on lui avait prodiguées, les superbes repas qu'on avait servis à ses hôtes, les danseuses et les musiciennes qu'on avait engagées pour les divertir, et les mille autres détails de cette fête à jamais mémorable.

Chaque fois qu'une vieille dame s'extasie sur ses noces célébrées cinquante ans auparavant, les autres enchérissent sur le même sujet avec des variantes plus ou moins véridiques. Ce qui ressort de tout cela, c'est l'idée fixe qui occupe la cervelle de toutes les femmes jeunes ou vieilles, riches ou pauvres, et que rien n'a pu effacer, ni l'âge, ni les déceptions, ni les chagrins. C'est cette idée fixe qui explique toutes les folies auxquelles on s'abandonne ces jours-là. Pour surcharger de pierreries la tête et le corsage de sa fille, un père de famille épuise son coffre-fort, fait des dettes, engage ses meubles, et sans s'inquiéter de l'avenir, installe un vrai carnaval dans les quatre murs de sa maison.

XIII

LE CONTRAT DE MARIAGE

Huit jours après les fiançailles, on procède à la signature du contrat de mariage, lequel tient lieu en même temps d'acte de l'état civil. Cette cérémonie est des plus simples, car le Coran ne considère pas le mariage comme un acte religieux. La loi musulmane n'exige donc pour la validité de ce contrat que la présence de deux témoins. Le prêtre ou l'imam n'a rien à voir là-dedans, et si on l'invite à consacrer l'acte de mariage par ses prières, ce n'est que par pure courtoisie et pour se conformer à l'usage. Ainsi notre Izzet-Bey, le jour du contrat, n'a pas autre chose à faire qu'à nommer parmi ses amis un fondé de pouvoirs et à l'envoyer avec deux témoins au logis de sa fiancée.

Ce fondé de pouvoirs et ces témoins se rencontrent chez Hadji-Usam avec l'iman et les témoins de la jeune fille. Dès que les pouvoirs du mandataire d'Izzet-Bey ont été vérifiés, on se met à discuter le chiffre de la dot que celui-ci stipule en faveur de sa femme. Ce chiffre ne se monte pas, tant s'en faut, à des centaines de mille francs, comme les dots de beaucoup de filles européennes.

Les dots des maris turcs sont plus modestes ; elles dépassent rarement, comme nous l'avons dit, trois ou quatre milliers de francs. C'est tout simplement un douaire qu'ils s'engagent à payer à la femme en cas de séparation par suite de divorce ou de décès. En leur imposant cette obligation, le Coran a voulu réserver une ressource eux veuves et aux femmes répudiées ; mais cette ressource est si insuffisante qu'après tout les femmes auraient pu se passer de cette garantie illusoire.

La question de la dot une fois réglée, les témoins d'Izzet-Bey déclarent que celui qu'ils représentent désire prendre pour femme la fille de Hadji-Usam Effendi. Cette déclaration doit être répétée trois fois ; après quoi, l'iman se lève et se dirige vers la porte du harem pour obtenir le consentement de la jeune Zerah. Celle-ci s'approche de la porte qui est restée entr'ouverte et sans se montrer, elle répond d'une voix faible et par trois fois : « Oui, oui, oui. » Ces trois oui, qu'ils sortent de sa bouche ou de celle d'une autre, sont toujours considérés comme bons et valables, et les témoins se hâtent de les enregistrer. Il ne reste plus après cela qu'à boire les *cherbets* (sorbets) et à empocher les cadeaux que l'on offre à la ronde ; puis tout le monde se retire. La cérémonie est achevée.

XIV

LES NOCES

Les voyageurs ont si souvent raconté et décrit les noces orientales que j'entends d'ici mes lecteurs s'écrier :

– Mais, cher monsieur, que pourriez-vous dire de nouveau sur les noces turques et les harems ? Nous avons lu tant d'écrits sur ce sujet, depuis lady Montague jusqu'à l'auteur qui nous a dépeint le mariage de la princesse Fazli, que nous savons tout cela par cœur.

– D'accord, chers lecteurs ; mais tous ces Anglais, tous ces étrangers qui ont décrit les mœurs turques ne sont que des spectateurs placés dans la salle et qui ne voient de la scène que ce que l'on veut bien leur montrer ; aucun d'eux n'a pu être admis dans les coulisses ni, à plus forte raison, se mêler aux acteurs. Eh bien, c'est derrière le rideau que je prétends vous introduire, là où vous pourrez voir les choses de près et en juger par vous-mêmes.

Après ce préambule que j'ai cru nécessaire, reprenons le fil de notre sujet, et suivons le jeune Izzet-Bey à travers les péripéties de la fête nuptiale.

Dans l'après-midi du jour des noces, Izzet quitte le logis paternel, monté sur un beau cheval richement harnaché que son beau-père a pris soin de lui envoyer. C'est dans cet équipage triomphal, suivi d'un nombreux cortège de valets à pied et à cheval, qu'il arrive devant la maison de Hadji-Usam. Là tout est déjà tumulte et confusion ; les portes extérieures sont ouvertes à deux battants pour donner libre accès à la foule qui accourt de tous les côtés. Izzet et les gens de sa suite ont peine à se frayer un passage à travers cette cohue et mettent enfin pied à terre devant la porte du harem, dont la cour est encombrée de spectatrices impatientes qui se disputent à qui verra l'époux de plus près, pour donner chacune son avis.

Celles qui le trouvent à leur gré, entonnent leurs *mach Allahs*. Celles à qui il déplaît ne cachent pas leur mauvaise impression et s'écrient : « La pauvre fille ! quel dommage ! »

Izzet-Bey reste sourd aux méchants propos, et rendant le bien pour le mal, fait pleuvoir une averse de monnaie d'argent sur la tête des curieuses. Cette manne bienfaisante jette un désordre indescriptible parmi la cohue féminine, et toutes, malgré leurs voiles et leurs manteaux, se précipitent les unes sur les autres pour ramasser quelques pièces. Profitant de ce moment de confusion, Izzet-Bey s'est dirigé vers les escaliers, il monte d'un pas grave et solennel mais tant soit peu chancelant ; car il a entrevu, tout en haut des degrés, une figure recouverte d'un épais voile rose, qui se dessine de profil comme un charmant fantôme. Il s'approche d'elle sans proférer une parole et la contemple longtemps sans que le plus léger signe de vie soit donné par cette immobile créature. Tout à coup la statue, drapée dans ses vêtements lamés d'or, fait un mouvement tournant, comme si elle obéissait à un pivot mécanique, et se présente de face à son admirateur. Celui-ci, en galant cavalier, met sa main sous le bras de l'idole et se dirige avec elle vers la chambre nuptiale. À peine entrée, elle va droit à un baldaquin sous lequel un trône lui a été préparé. Izzet l'installe sur ce trône, sans se permettre de toucher aux plis du voile qui lui dérobe les charmes de son épouse ; puis il se retire en donnant les marques du plus profond respect, pour aller rejoindre ses amis qui l'attendent dans l'appartement réservé aux hommes.

À peine Izzet a-t-il quitté la chambre nuptiale que toute la foule féminine y fait irruption pour admirer la toilette de la mariée et les richesses du trousseau. Zerah, dont le voile est à présent levé, reste là immobile, exposée à tous les regards et à toutes les critiques. Cette exhibition a quelque chose de choquant, mais l'usage l'exige et toutes les femmes qui se marient sont forcées d'en passer par là.

Le baldaquin sous lequel l'épouse est assise est une décoration fort élégante qui ne se voit guère qu'en Turquie. Elle est formée de deux grandes draperies festonnées en tulle couleur de rose qui descendent jusqu'à terre, et entre lesquelles est ménagée une sorte de niche. Ces draperies sont ornées de guirlandes de fleurs avec des pendentifs de roses et de jasmins.

Après avoir admiré la jeune femme et son trône, la foule curieuse se met à examiner le divan dont le tapis et les coussins sont en soie ou en velours rouge brodé d'or. Ce meuble est de stricte étiquette dans la chambre nuptiale. De là on va visiter à l'extrémité de cette pièce le trousseau et les parures de la nouvelle mariée. Cette exposition domestique est protégée par un grillage doré qui permet à tout le monde de regarder, mais sans y toucher, les objets dont elle se compose ; mesure de précaution qui n'est nullement superflue, car en pareille circonstance, les voleuses sous le voile sont plus à craindre que les voleuses à visage découvert.

L'exposition renferme tout ce que les parents et les amis de la jeune épouse ont pu lui donner à titre de trousseau ou de cadeaux. Là se trouvent des services de table en argent ou en porcelaine, une lingerie fine ou brodée, des dentelles et des étoffes de prix, enfin tous les objets nécessaires pour monter un ménage à la turque. Quand la foule a rassasié sa curiosité, elle s'écoule peu à peu : les invitées, pour aller rejoindre leurs amies dans les autres pièces, les autres, pour rentrer chez elles.

L'affluence en ce lieu d'une multitude d'inconnues n'a rien qui doive étonner, car c'est une vieille coutume orientale d'accorder l'entrée libre à tout venant lors de la célébration des noces.

Ce n'est que lorsque tout ce monde s'est dispersé que la jeune mariée quitte le trône où elle est restée assise pendant au moins deux heures. Il faut souffrir pour être belle, dit le proverbe, et ces souffrances-là paraissent ne rien coûter aux femmes.

Toute l'après-midi et la soirée se passent chez Hadji-Usam à manger et à boire, pendant que les musiciens et les danseuses font de leur mieux pour égayer les convives. Du côté des hommes l'eau-de-vie remplace les rafraîchissements à l'eau de rose dont les dames font une abondante consommation. Les musulmans de nos jours se soucient peu de l'interdiction lancée par le Prophète contre les boissons spiritueuses. Ils estiment qu'après tant de siècles, ces lois ont fini par se dissoudre et s'évaporer, pour ne laisser après elles qu'un résidu d'alcool. C'est surtout les jours de noces que cette heureuse croyance trouve de fervents adeptes ; car à l'exception du marié et de son père, on peut être sûr, dès sept heures du soir, de voir la plupart des convives couchés à terre ou allongés sur les divans.

À huit heures cependant, changement de scène complet : la voix criarde de l'imam vient dissiper l'orgie en appelant les fidèles à la prière du soir. Tout le monde est secoué de sa léthargie par cette évocation sonore. Tous ceux qui peuvent se tenir sur leurs jambes répondent à l'appel et suivent l'iman comme un troupeau de moutons ; les autres, ceux qui ne sont pas en état de bouger, se contentent de marmotter des vœux de circonstance pour la prospérité des nouveaux époux.

Avec les croyants les plus fermes qu'il a pu ramasser derrière lui, l'imam entonne la prière, qui ne dure que quelques minutes. Il y ajoute un supplément de bénédictions pour le jeune couple, sur lequel il appelle la faveur du ciel et des astres.

Izzet-Bey à qui, dans son impatience, ces invocations paraissent encore trop longues, n'attend pas que l'iman les ait achevées et court tout droit à la porte du harem.

Ses amis qui le guettent, lui donnent alors la chasse et le poursuivent pour lui faire leurs adieux. Ces adieux, d'une nature originale, consistent en de bons coups de poing dans le dos, à moins qu'on ne lui jette par derrière quelque vieille savate dans les reins ; car la vieille savate a une vertu toute particulière, celle de conjurer le charme du mauvais œil et les maléfices de l'envie. Or, quand on a le bonheur d'épouser une belle jeune fille, la vieille savate n'est pas à dédaigner.

Cependant Izzet-Bey, assez agile pour échapper aux poursuites de ses camarades, s'est réfugié sain et sauf dans le harem. Il y est reçu par un eunuque qui, un flambeau à la main, le conduit gravement jusqu'à la porte de la chambre nuptiale. Là, l'eunuque se retire en confiant l'époux aux soins d'une vieille marraine de circonstance que l'on nomme *yenghié cadine*. La mission de celle-ci consiste à présenter l'un à l'autre deux êtres qui s'aiment, à les servir pendant quelques instants, et à engager pour ainsi dire le tête-à-tête. La bonne vieille remplit ces délicates fonctions avec le tact le plus exquis et en même temps le plus discret, car étant muette, elle supplée à la parole par une pantomime accentuée.

En mettant le pied dans la chambre, Izzet a aperçu sa femme toute droite près du divan et immobile, comme le matin en haut de l'escalier. À présent encore son visage est caché sous le même voile rose. Cette vue, on le conçoit, est loin de l'effrayer ; impatient au contraire de satisfaire sa curiosité, il s'élance résolument vers la jeune femme pour lui enlever son voile, mais voici que la marraine intervient et par un geste impérieux montre au jeune homme le tapis de prières qu'elle a eu le soin d'étendre à son intention. Cette action de la marraine a fait comprendre à Izzet qu'avant d'admirer la créature, il faut adorer le créateur. Il obéit et s'agenouillant devant le tapis, il murmure tant bien que mal une courte prière que le bon Dieu doit sans doute agréer, s'il tient compte des émotions qui agitent le cœur du pauvre Izzet.

Pendant ce temps le fantôme rose s'est tenu sans bouger près du divan. Le jeune homme se relève et fait quelques pas de son côté. Les deux époux ainsi rapprochés, la marraine leur fait signe qu'ils doivent finir par s'entendre. Après quoi, elle s'éloigne pour apprêter le repas nuptial.

Enfin, voilà Izzet et sa jeune femme en tête à tête pour la

première fois. Le jeune homme hésitant, troublé, ne sait d'abord comment s'exprimer ; elle, confuse et tremblante, est heureuse de cacher sa rougeur sous son voile. À la fin, Izzet rappelle tout son courage et se décide à rompre la glace :
– Madame, dit-il, en lui prenant la main avec tendresse, madame, m'accorderez-vous une faveur bien précieuse ? celle de me dire votre nom ?

À ces mots, la jeune épouse semble éprouver un surcroît d'émotion qui la déconcerte et l'empêche d'articuler une syllabe.

Izzet répète trois fois sa demande, et ce n'est qu'à la troisième que la belle voilée se décide à prononcer timidement :
– Zerah.

Ici, il ne manquera pas de personnes qui se récrieront : – Mais à quoi bon tant de cérémonies ? Izzet devait déjà savoir le nom de sa future, ne fût-ce que depuis le jour du contrat de mariage...
– C'est vrai ; ni lui, ni aucun autre ne peuvent ignorer le nom de la mariée, lors de leur premier tête-à-tête. Mais ces cérémonies et ces grimaces n'en sont pas moins de rigueur dans la circonstance. Les idées orientales sur la galanterie veulent que l'époux joue ici la comédie près de sa jeune épouse ; car en feignant de ne pas savoir son nom, il lui donne à croire que ce nom est si précieux qu'aucune bouche ne l'a encore profané.

« C'est une perle, dit le langage oriental, que l'époux tient à recueillir le premier sur les lèvres vermeilles de sa bien-aimée. »

Le nom une fois révélé, Izzet se hasarde à faire un pas de plus :
– Madame, reprend-il avec toute l'expression dont son amour le rend capable, oserai-je lever votre voile et contempler les charmes de votre visage ?

À cette demande qui l'effraye, l'épouse pour toute réponse retient fortement de ses deux mains les extrémités de son voile.

Cette première défaite est loin de rebuter Izzet qui au contraire réitère plus vivement ses instances ; mais les voyant rejetées par trois fois et sachant que tout acte de violence lui est interdit, il a recours aux grands moyens et s'avise d'un expédient qui réussit dans tous les pays du monde.

Il tire de sa poche une bague en brillants dont la vue produit un effet magique sur la jeune femme et il la lui présente en disant :

– Acceptez, madame, le prix de votre visage.

La tendresse du jeune homme et l'éclat de la bague triomphent de toute résistance, et Zerah permet enfin à son époux de lever son voile.

Mes lecteurs m'excuseront si je me dispense de leur donner ici une description des charmes de Zerah, car ils savent bien qu'en prenant la plume je n'ai pas eu l'intention d'écrire un roman à la façon des grands maîtres du genre. Mes héros sont des êtres fictifs, que j'ai mis en avant pour m'épargner l'ennui de répéter continuellement l'époux et l'épouse, lui et elle. Izzet et Zerah ne sont que des noms destinés à personnifier les mœurs orientales. Il ne m'en coûte donc rien de supposer, si vous le voulez, que Zerah est une adorable brune et qu'Izzet-Bey, en la voyant toute rayonnante de beauté, a cru réellement contempler cette merveilleuse lune que sa mère lui avait annoncée.

Cependant une fois engagés sur le terrain glissant des suppositions, il nous est bien permis aussi d'en faire une autre, qui malheureusement ne se réalise que trop fréquemment. Imaginons donc qu'Izzet-Bey, en soulevant le voile de son épouse inconnue, ait découvert une de ces figures désastreuses qui glacent l'amour, et font courir le frisson dans les veines. Quel terrible désappointement ! c'en est fait alors de son bonheur, et dès le lendemain il va plier bagage et s'éloigner en disant : – Mon étoile n'a pas pu se rencontrer avec celle de Zerah ! (*Yildizim barichmadi.*)

Quelle minute dans la vie d'un homme ! La première impression qu'éprouve le marié au moment où il lève le voile est regardée par les femmes comme décisive et ineffaçable. L'effet en est magique.

S'il est saisi tout à coup par les attraits de son épouse, les étoiles de ces deux êtres se rapprochent, un courant de sympathie et d'amour s'établit entre eux, et tout leur sourit dans l'avenir. Si, au contraire, le premier coup d'œil est une déception, les étoiles filent chacune de son côté et jamais les époux ne seront heureux ensemble.

Cette superstition féminine a donné lieu à une coutume fort bizarre. Pour amortir l'effet de ce premier coup d'œil, on sème sur le visage de la mariée et on y colle avec de la gomme une quantité de petites fleurs et d'étoiles en brillants dans le genre des mouches de l'ancien régime. L'éclat de ces brillants, mêlé à celui des yeux, produit une vraie confusion où le mari a d'abord peine à se reconnaître ; puis, lorsqu'il a pris le temps de détacher ces ornements postiches, son regard se repose plus volontiers sur le visage qui en est débarrassé.

Pendant qu'Izzet et Zerah échangent entre eux de douces paroles, la marraine a préparé le souper conjugal ; le menu se compose invariablement d'un poulet et d'un ou deux hors-d'œuvre. Les époux prennent place à table, et c'est au milieu des tendres œillades et des soupirs, qu'ils accomplissent ou semblent accomplir les formalités du repas nuptial ; car on sait qu'en pareille circonstance les émotions du cœur paralysent les fonctions de l'estomac. Le souper achevé, la marraine (et c'est son dernier service) leur verse du café dans des tasses en émail enrichies de pierreries. Le tête-à-tête qui suit doit naturellement être plein de sentiment et de poésie. Pour moi, je sors discrètement de la chambre nuptiale avec la bonne marraine pour n'y retourner que le lendemain lorsque les deux époux en auront ouvert la porte.

XV

LE LENDEMAIN DES NOCES

Le lendemain matin Izzet et Zerah font de bonne heure leur entrée dans le salon en se tenant par la main. Les assistantes, que ce soient des parentes, des amies ou des servantes, se tiennent là depuis longtemps, impatientes de savoir si les étoiles des deux époux se sont rencontrées ou non. L'instinct féminin guette sur leurs physionomies les sentiments qu'ils ont conçus l'un pour l'autre, et du premier coup d'œil, sans se tromper, a deviné le secret d'Izzet et de Zerah.

La première visite des deux époux, au sortir de leur chambre, est pour leurs parents, qui leur remettent les cadeaux d'usage. À midi, grande réception au harem. Cette réception porte le nom bizarre de *festin des pieds de mouton* ; car c'est avec ce mets spécial qu'il est d'usage de régaler les nouvelles mariées. Cette réception a aussi pour but de présenter la jeune épouse aux matrones parmi lesquelles elle doit désormais prendre place en sa qualité de femme mariée.

Le marié, lui, n'a qu'un rôle effacé dans cette cérémonie.

XVI

APRÈS LE MARIAGE

Après les noces, le travail ; avec le travail, les soucis. Voici la pierre de touche qui nous fera juger si l'union qui vient de se conclure est dans des conditions raisonnables.

« *Turkun aggli son radon guélior.* » Le Turc ne s'avise qu'après coup ; c'est un vieux proverbe bien connu qui ne s'applique pas moins aux relations sociales qu'aux affaires politiques. Un Turc fait d'abord ce qui lui passe par la tête ; après quoi, il reconnaît souvent qu'il a fait une sottise ; alors tous les moyens lui sont bons pour se tirer d'affaire. Il en est ainsi du mariage, et l'expérience de tous les jours ne fait que mettre en relief la vérité du proverbe. Si l'on voulait se donner la peine d'établir une statistique des mariages turcs, on se convaincrait que sur dix unions contractées dans la même année, une seulement est prédestinée à une fin heureuse. Sur les neuf autres, six se terminent d'ordinaire par le divorce, et les trois dernières vont, par de sinueux détours, se perdre dans le courant de la polygamie.

Quant aux mariages heureux, ils ne sont guère qu'un jeu du hasard produit, suivant les uns, par la conjonction des étoiles, et suivant les autres par la sympathie et le bon sens des époux.

Des hommes d'un caractère posé et flegmatique préfèrent un

ménage tranquille aux agitations d'une vie de plaisirs et d'émotions. Ils font alors de leur femme une compagne, une amie, une confidente, et lui accordent une pleine autorité dans leur intérieur. Au point de vue orthodoxe, ils se relâchent de leurs légitimes exigences, c'est-à-dire qu'ils renoncent à réclamer d'elle cette obéissance d'esclave, cette vénération envers eux-mêmes et cette stricte observation des lois du Coran qu'ils seraient en droit de lui imposer.

Des maris comme ceux-là élèvent leur femme à la dignité d'une épouse chrétienne, en vertu d'une réaction des lois naturelles contre les absurdités de la loi écrite.

À quoi bon, se disent-ils, avoir tant de femmes, pour nous attirer mille embarras, mille ennuis ? une femme ne vaut ni plus ni moins qu'une autre ; donc, une fois que j'en ai une, je la garde, car en l'échangeant je pourrais trouver pire. Mon repos et mon bonheur valent bien toutes les femmes du monde. Pourquoi donc irais-je compromettre ces biens précieux ? Qui sait après tout si je reviendrai encore ici-bas ?

C'est à ces idées de philosophie pratique que l'on doit les heureux ménages qui se rencontrent parfois au sein de la société musulmane. L'humanité reprend ses droits. Les deux sexes, que le Coran a séparés en ne leur imposant que des liens factices, se rapprochent alors dans une union solide, cimentée par des concessions mutuelles. Le mari descend de son piédestal pour que la femme se trouve à son niveau.

Je dois néanmoins mentionner une toute petite clause qui paraîtrait peut-être monstrueuse aux Européens, et qui s'ajoutant aux concessions mutuelles dont je viens de parler, complète le bonheur de ces ménages exceptionnels. La femme, par exemple, se montre parfois assez bonne pour ménager à son mari la compagnie d'une seconde personne de son sexe, odalisque ou autre, qui, bien choisie par elle, puisse consoler le digne homme dans ses vieux jours. Au reste, cet usage peut se justifier par une tradition biblique : puisque Sarah a donné Agar, une esclave, pour seconde femme à son seigneur et maître Abraham, pourquoi Fatmé n'en agirait-elle pas de même avec ce pauvre Hussein qui s'est si bien conduit avec elle toute sa vie, et qui ne cessera pas pour cela de la regarder comme sa favorite ? C'est bien le moindre sacrifice qu'une femme reconnaissante puisse faire pour un bon mari ; notez bien d'ailleurs que si elle ne le faisait pas, le bon mari serait capable de se transformer en diable et de mettre fin à l'entente cordiale.

Ainsi, grâce à la modération du mari et au tact de la femme, les deux époux dont je viens de citer l'exemple passent leur vie dans un parfait accord ; et comme dans de pareils ménages, la polygamie n'entre que pour une fort petite dose, et seulement à titre accessoire, ces ménages ne perdent nullement leur caractère monogame ; car après tout il n'y a qu'une seule femme qui exerce le pouvoir absolu dans la maison, et qui partage la condition du mari.

C'est à dessein que je me suis étendu sur cette sorte de mariages, heureux par excellence. Ils me serviront de transition pour aborder la grande question de la polygamie.

XVII

LES MÉNAGES POLYGAMES

Ainsi que je l'ai déjà dit, les neuf dixièmes des mariages en Turquie avortent annuellement par suite des désappointements et des misères auxquels ils donnent lieu.

Ces unions manquées aboutissent au divorce ou à la polygamie. Je ne dirai pas grand-chose du divorce, si ce n'est que le sort des divorcés semble être de retomber sans cesse de divorces en divorces. Les chutes sont toujours suivies de rechutes ; mais une fois qu'on y est habitué, il paraît qu'on ne s'en ressent plus.

Les unions qui aboutissent à la polygamie présentent un avantage, à côté de beaucoup d'inconvénients ; cet avantage, le seul, c'est une certaine stabilité de situation, un état de choses bien défini et bien arrêté. Les inconvénients, ce sont les tribulations de cette vie conjugale en partie double, triple, quadruple. Pour s'en faire une idée, il faut, une fois édifié sur la polygamie en théorie, pénétrer dans les détails de la pratique ; et afin de rendre ce tableau d'intérieur plus animé et plus saisissant, j'y introduirai encore les deux personnages que le lecteur connaît déjà ; Izzet-Bey et Zerah se chargeront de lui révéler ce qui se passe après les noces dans la plupart des ménages.

La lune de miel est une bien douce saison ; partout ses charmes enivrants sont appréciés par notre pauvre humanité. En Turquie, comme ailleurs, on vante ses délices ; mais là, ce qui lui manque, c'est souvent un, deux, ou même trois quartiers, Une lune complète, avec ses trente jours de félicité, paraît en général bien longue, et lasse avant son terme les nouveaux mariés.

La première cause de l'inconstance des Turcs et de l'éclipse prématurée de leur lune de miel, est celle que j'ai indiquée plus haut. Quand on a fait la folie de confier aveuglément sa destinée aux étoiles plus ou moins propices, on ne doit pas s'étonner si de sombres nuages envahissent bientôt le ciel conjugal.

Dès la première quinzaine, Izzet et Zerah voient poindre à l'horizon des symptômes inquiétants de mésintelligence. Un désenchantement mutuel en est la première cause. Deux imaginations surexcitées d'avance, mises tout à coup en contact avec la réalité, ne peuvent que se refroidir et s'aigrir réciproquement. Izzet commence en effet à découvrir qua sa Zerah n'est pas, tant s'en faut, la merveille si chaudement vantée par sa mère ; et Zerah, de son côté, ne voit plus dans le cher Izzet qu'un homme comme tous ceux qui passaient journellement sous sa fenêtre ; comparé aux pompeux éloges qu'on lui avait faits de son mérite, le pauvre garçon paraît un triste sire. Cette double désillusion a pour effet de rendre les deux époux maussades et taquins, et cette humeur se fait jour d'abord par des observations peu bienveillantes ; puis viennent les altercations, les reproches et enfin les voies de fait.

Parmi les causes indirectes qui concourent à fomenter la discorde, il faut signaler surtout l'entourage des nouveaux mariés. Ne nous étonnons pas si la mère et les parents de Zerah se mettent à exciter la jeune femme contre son mari ; ils ne cessent de lui répéter que cet homme-là ne sait pas vivre, que ce n'est pas ainsi que l'on doit traiter une belle personne comme elle.

– Croit-il, ma chère, que tu sois une fille à dédaigner ?
– Il se présente toujours les mains vides ! est-ce qu'il ne sait pas qu'il a une femme qui l'attend à la maison ?

Ceci fait allusion à la coutume qui veut que les maris rentrent d'ordinaire le soir chargés de toutes sortes de bonnes choses, gâteaux, bonbons, fruits, etc. Un mari qui se néglige sur cet article est un homme abominable que la gent féminine met au ban de la société. Car les femmes de ce pays considèrent l'homme comme une espèce d'oiseau pourvoyeur qui doit avoir quelque chose dans le bec quand il retourne à son nid ; sans quoi la nichée a le droit de criailler et de faire tapage. S'il m'est permis de donner mon avis sur un sujet si délicat, je crois que les femmes ont raison. Puisse ma franchise trouver grâce auprès des maris de l'Orient et aussi chez ceux de l'Occident !

J'en reviens à Zerah, dont le cœur doit céder peu à peu aux influences qui l'entourent. La contrepartie de ces influences se fait sentir d'ailleurs du côté des parents d'Izzet-Bey ; selon eux, le jeune homme n'a pas trouvé chez son beau-père Hadji-Usam les égards qui lui étaient dus : on s'est montré très mesquin envers lui ; les cadeaux qu'on lui a faits ne valaient pas la peine d'en parler. Ces chers parents n'épargnent pas même la jeune femme ; ils tiennent sur son compte des propos de nature à éveiller la jalousie du mari ; sa mère, ou quelque autre femme de la famille ne craindra pas de lui dire :

– Izzet, ouvre les yeux ; j'entends dire que *la tienne* se promène beaucoup.

Là-dessus, Izzet furieux court à la maison, saisit sa femme prête à sortir, lui déchire son voile qu'il trouve trop transparent et contente sa colère en lui appliquant quelques soufflets.

Dès ce moment, plus d'entente possible entre les deux époux ; car en dépit de quelques tentatives de conciliation, les querelles, les coups et les plaintes suivent leur cours. Si mes lecteurs s'imaginent que j'exagère à plaisir, je regrette de ne pouvoir les introduire avec moi pour quelques jours dans un quartier de Constantinople. Là, ils entendraient et verraient bien des choses qui confirmeraient mon témoignage. Une nuit, ce seraient une joyeuse musique et des fanfares mêlées à des éclats de rire, et quand ils en demanderaient la cause, on leur répondrait : – Il y a

noce chez Hadji-Usam-Effendi, ou tel autre personnage. Une autre nuit des cris affreux les réveilleraient en sursaut et les feraient courir tout épouvantés à la fenêtre : Et que se passe-t-il donc ? peu de chose : on se bat chez Hadji-Usam-Effendi, ou chez tel autre ; les nouveaux mariés ne s'entendent pas, et le mari frappe à tour de bras sur sa femme.
 En effet les cris : Aman ! aman ! amam ! (grâce ! grâce !) percent l'air et jettent l'effroi dans tout le quartier.
 Une pareille vie ne peut durer longtemps. Izzet-Bey se voit bientôt forcé de chercher un moyen d'en sortir. Divorcera-t-il ? Mais les quelques mois qu'il a passés avec sa femme ont éveillé chez lui une certaine affection qu'il ne lui est guère possible d'étouffer si vite. Après tout, Zerah est la première qui lui ait fait connaître l'amour. Comment pourrait-il donc se détacher d'elle sans faire quelque effort pour la soumettre à sa volonté et la soustraire à l'influence de ses parents ?
 Aussi, d'après une résolution prise au sein du conseil de famille, fait-il sommation à sa femme de le suivre dans une autre maison où il compte établir son ménage. Zerah résiste ; elle s'est mariée chez ses parents ; il était convenu qu'elle resterait avec eux. D'ailleurs la conduite d'Izzet depuis leur mariage montre assez ce qu'elle doit attendre de lui et ne l'encourage pas à le suivre.
 Le conflit aussitôt engagé prend un caractère légal et se poursuit suivant les règles de la jurisprudence musulmane.
 Loin de céder, Izzet se hâte de louer une maison qu'il fait meubler tant bien que mal et envoie à sa femme un ultimatum, ordre de venir le rejoindre à ce nouveau domicile conjugal.
 Zerah et sa famille se rient de cet ultimatum, sachant bien que les maris ne peuvent plus se prévaloir aujourd'hui du droit que leur accorde le Coran de saisir leur femme par les cheveux et de la traîner ainsi où bon leur semble. Le temps a fait justice de cet exorbitant privilège. Dans l'impossibilité d'avoir recours à la violence, Izzet-Bey se rejette donc sur les autres moyens que la loi met à sa disposition. Si une femme se montre indocile et rétive, pourquoi n'en chercherait-on pas une autre plus raisonnable et plus souple ?
 « Il n'y a jamais eu disette de femmes. »

Izzet, invoquant les lois de la religion, s'en va donc à la recherche d'une seconde épouse. Le choix ne lui cause guère d'embarras ; car en descendant quelques degrés de l'échelle sociale, il trouvera une quantité de jeunes filles prêtes à lui accorder leur main. Aussi, quinze jours sont à peine écoulés depuis l'ultimatum, que la nouvelle se répand du second mariage d'Izzet-Bey avec la jeune Chefikeh-Hanum, fille d'un marchand de riz. Ces secondes noces sont célébrées avec une nouvelle pompe, et les fanfares y retentissent avec éclat, comme pour narguer Zerah et sa famille. En effet, la première femme laisse éclater son dépit ; les querelles, les messages, les tiraillements se succèdent entre Izzet et Zerah. Tantôt c'est lui qui la fait appeler, tantôt c'est elle qui lui fait demander le divorce ; l'un dit : Viens, l'autre s'écrie : laissez-moi.

Mais l'issue de la lutte ne saurait être douteuse, car tous les avantages sont du côté du mari. Il a su s'installer à souhait dans son nouveau ménage, où la seconde épouse lui prodigue ses soins et ses caresses. Quant à la pauvre délaissée, elle se consume de chagrin et d'ennui, loin de son volage, dans la solitude du harem. Au bout de quelques mois passés de la sorte, la famille de Zerah se décide enfin à arborer le drapeau parlementaire, et il intervient entre les deux parties un traité de paix, aux termes duquel la femme consent à aller rejoindre son mari, tandis que lui s'engage à la traiter avec tous les égards et tous les témoignages de tendresse auxquels a droit une épouse légitime. Quant à Chefikeh, il est entendu qu'elle et Zerah vivront en bonne harmonie, comme il convient à deux épouses fidèles qui aiment et servent le même mari.

Il va sans dire que cette convention matrimoniale n'a besoin d'aucune formalité, et qu'elle est acceptée implicitement par tous les intéressés, sans qu'aucun d'eux y appose sa signature.

Zerah se voit donc un beau jour installée dans le harem d'Izzet-Bey, avec le titre et les honneurs de première épouse. Cette distinction n'est pas d'une grande importance tant que le mari n'a que deux femmes, mais quand il en aura pris quelques-unes de plus, Zerah montera en dignité ; ce qui ne peut tarder à lui arriver, car il ne faut qu'un instant, une occasion propice pour qu'Izzet convole à de nouvelles noces.

Un de ces incidents heureux, c'est sa promotion au rang de pacha. Depuis quelque temps le grand vizir s'était promis *in petto* de lui confier un poste important. Des bruits s'en étaient déjà répandus, et la mère d'Izzet était folle de joie. Voir son fils pacha avait été le rêve de sa vie ; et fidèle à une coutume superstitieuse, elle avait fait vœu, si Dieu lui accordait cette grâce, de sacrifier plusieurs béliers et d'offrir au nouveau dignitaire une belle circassienne.

Aussitôt dit, aussitôt fait. Le firman impérial à peine promulgué, voilà que la bonne mère, impatiente d'accomplir son vœu, consacre religieusement au pacha son fils, les béliers et la circassienne annoncés. Izzet ne pouvait décemment refuser le don maternel. Il prend donc la beauté qu'on lui amène et l'élève au rang de troisième épouse. Ces noces-là se sont faites sans bruit, sans éclat : un imam et deux témoins ont suffi à la cérémonie.

Quant à la quatrième femme réglementaire, elle peut également lui tomber dans les bras par des circonstances imprévues ; supposons par exemple un frère cadet d'Izzet qui meurt en laissant une veuve inconsolable. Izzet, en sa qualité de frère aimé, la recueille dans son harem et se charge de la consoler en l'épousant. Si cependant cette veuve est vieille et laide, il transmet volontiers à quelque autre ce devoir de piété fraternelle.

Ces unions dites de charité sont permises et même recommandées par le Coran. Le mariage en ce cas est une charité comme une autre.

XVIII

MÉNAGES À QUATRE FEMMES

Après s'être rendu compte de ce que sont en général les mariages simples et mixtes, mes lecteurs et surtout mes lectrices voudront sans doute savoir comment plusieurs femmes peuvent s'entendre dans un seul et même ménage, et comment les maris s'y prennent pour maintenir l'ordre et l'accord entre elles, comment enfin un tel état de choses peut se maintenir.

Pour expliquer ce phénomène, je suis obligé de m'en référer à l'exposé que j'ai déjà fait des doctrines de la polygamie. Ainsi j'ai dit que Mahomet n'avait autorisé la polygamie qu'à la condition expresse que le mari traiterait ses femmes avec impartialité et dans un esprit de parfaite égalité. J'ai ajouté que les musulmans, tout en observant la lettre de la loi, en avaient faussé l'esprit, en ce sens que pour satisfaire leurs passions déréglées, ils avaient institué des mœurs et des usages au milieu desquels l'impartialité et l'égalité ne sont et ne peuvent être que des chimères.

C'est de ces mœurs que je vais m'occuper à présent ; car sans cette étude, les connaissances déjà acquises sur les harems et la condition des femmes resteraient nécessairement incomplètes.

Pour tenir plusieurs femmes sur un pied apparent d'égalité et pour se montrer impartial avec toutes, voici comment on s'y prend : on les installe d'abord dans des appartements séparés, où chacune peut s'isoler complètement. Tout ce qui se trouve dans chacun de ces appartements, meubles, objets de toilette et jusqu'aux esclaves employées au service, est de droit la propriété exclusive de celle qui l'occupe. Les femmes, il est vrai, ne possèdent qu'un seul et même mari, mais elles ne poussent pas cette communauté jusqu'à partager toutes ensemble avec lui leurs repas, leurs promenades, leurs divertissements, etc., non vraiment ; chacune de ces aunes a son dîner à part, sa voiture à part, et il en est ainsi de toute chose.

L'égalité parfaite qui doit régner entre elles ne permet à aucune de s'attribuer un droit de haute main sur la direction du ménage : le mari nomme une intendante *kiaïa cadine*, à laquelle il confie le soin d'administrer et de surveiller le harem. Cette étrangère n'a de comptes à rendre qu'à lui, et demeure indépendante de toutes ses femmes. C'est une mesure que la discipline rend indispensable ; sans quoi les quatre dames, voulant régler les choses chacune à sa guise, finiraient par se prendre aux cheveux.

Pour éviter d'éveiller la jalousie parmi ses femmes, l'époux, bon musulman, doit leur répartir équitablement ses dons et ses bienfaits. Ainsi il est tenu de leur fournir les mêmes robes, les mêmes bijoux, sans se montrer plus prodigue pour les unes que pour les autres. Ce principe s'étend également à l'argent comptant ; le mari à plusieurs femmes doit le premier du mois remettre à chacune d'elles une somme égale, à titre d'appointements.

Comme la jalousie est le fléau de ces ménages, on comprend que le mari prenne toutes sortes de précautions pour en préserver son harem. Une de ces précautions, c'est de supprimer les noms de ses femmes et de les remplacer par des numéros.

Une telle mesure peut sembler ridicule, et cependant elle a sa raison d'être. Comme il n'y a rien de plus doux que le nom de la femme aimée, il arrive souvent qu'en prononçant ce nom, la voix, par une inflexion caressante, trahit le sentiment caché au fond du cœur. Or, les rivales sont là, qui d'une oreille ombrageuse épient les plus légères nuances d'une préférence inavouée. On comprend donc que, pour étouffer jusqu'aux moindres germes de la jalousie, les habiles organisateurs du harem, au lieu d'appeler les femmes par leurs noms propres, aient mieux aimé les numéroter. La nomenclature qu'ils ont adoptée est la suivante :

La première femme par droit d'ancienneté dans le ménage s'appelle la grande dame, *Buïuk-Hanum* ; la seconde s'appelle tout simplement la seconde dame, *Ikindji-Hanum* ; la troisième s'appelle la dame du milieu, *Ortandjé-Hanum*, et la quatrième est désignée sous le nom de la petite dame, *Kutchuk-Hanum*. Ces dénominations sont officielles et rigoureusement adoptées partout. Ainsi, les visiteuses habituelles d'un harem, et les personnes attachées au service soit intérieur, soit extérieur, ne connaissent les dames que par les titres qui leur appartiennent. L'étiquette est poussée à ce point que les enfants mêmes sont classés sous le numéro d'ordre de leur mère. On dira, par exemple, en parlant de la progéniture d'un pacha, les enfants de la grande dame, les enfants de la seconde dame, etc. Quant au nom du père, il n'est jamais prononcé.

Le mari lui-même donne l'exemple, en se conformant aux règles du ménage à quatre. Ainsi les lettres et les messages qu'il peut envoyer à ses femmes sont adressés par lui non pas à Zerah ou à Fatmé, mais à la grande dame, à la dame du milieu, etc.

XIX

LE SERVICE INTÉRIEUR

Il s'agit à présent des règlements établis dans les harems pour déterminer les relations des diverses femmes avec leur mari commun.

Beaucoup de gens s'imaginent qu'un harem est une sorte de grande cage, où le mari et les femmes, renfermés ensemble, prennent leurs ébats comme dans une ménagerie. Rien de plus faux qu'une pareille idée. Les harems fonctionnent d'après certaines règles qui sont imposées par l'autorité des mœurs et des usages. Ces règles ont acquis force de lois, et personne ne saurait y déroger sans tout bouleverser de fond en comble.

L'étiquette du harem défend à une femme de se présenter chez son mari sans s'être fait préalablement annoncer, ou sans être appelée par lui, sauf pour les visites officielles dont nous allons parler.

Une femme ne sort de son appartement que pour aller voir ses compagnes ou se promener dans le jardin.

De même que chaque femme a son appartement, le mari a

aussi sa chambre particulière, où il reçoit ces dames. Leurs visites, appelées visites officielles, ont lieu dans un ordre régulier. À tour de rôle, chacune des quatre femmes est de garde auprès de son mari. C'est celle-là qui, son jour venu, est chargée de lui donner la bienvenue quand il entre dans le harem, de lui offrir la pipe et le café, de préparer son linge et ses vêtements, et enfin de lui souhaiter le bonsoir. Les autres femmes restent enfermées chez elles et prennent soin de leurs enfants, pendant que celle de leurs compagnes qui est de service s'occupe du père. Bien entendu que lorsque leur tour arrive, elles doivent se rendre à leur poste. Si l'une d'elles se trouve indisposée ce jour-là, elle se fait remplacer dans ses fonctions par celle qui la suit dans l'ordre hiérarchique.

Quelque habile et ingénieux que paraisse un tel système, il est bien loin toutefois d'atteindre le but qu'il se propose et de bannir du harem la jalousie et les divisions. Malgré toutes les précautions possibles, ces dames s'épient les unes les autres, et grâce à la finesse de leur tact, elles savent bien à quoi s'en tenir au sujet de leurs rivales. D'ailleurs leurs esclaves sont toujours sur le qui vive, prêtes à tout voir et à tout entendre ; il leur suffit d'un mot, d'un geste pour deviner une situation, et là-dessus les commérages se donnent pleine carrière pendant des journées et des semaines.

Les scènes qui en résultent se varient à l'infini : on en composerait un roman tout entier. Qu'il me suffise de dire que dans ces querelles de harem, il se déclare autant de partis qu'il y a de femmes. Chacune a autour d'elle une coterie ardente composée de ses esclaves, de ses enfants et de ses amies. La discorde souffle de toutes parts. Le mari, lui, au milieu de ce déchaînement, reste impassible, imperturbable ; il essaie de jouer le rôle de génie modérateur, retenant l'une, soutenant l'autre et profitant des divisions et des luttes pour dominer et tromper tout le monde.

Ce qu'il y a de singulier, c'est que les femmes ne songent jamais à mettre de côté leurs querelles particulières pour se réunir toutes ensemble contre cet égoïste effronté qui s'appelle leur mari. En effet elles se haïssent entre elles si cordialement qu'il leur serait impossible de s'entendre, et c'est précisément ce qui fait la force du mari, et par conséquent son bonheur. Généralement le ménage à quatre femmes se divise en deux périodes distinctes : la première, est la période de lutte et de colère, toujours de plus en plus agitée, chaque fois qu'une nouvelle arrivée vient ranimer la jalousie et rallumer la discorde ; la deuxième période est celle du découragement, quand les femmes, lasses de combattre, épuisées par les émotions, laissent leurs sentiments s'éteindre dans l'indifférence et le mépris de la vie. Il n'est pas rare de voir ces pauvres créatures mourir poitrinaires à la suite d'une existence si orageuse et si disputée.

Mon ami Hafiz-Pacha, qui avait un harem toujours au grand complet, a enterré plusieurs de ses femmes avant d'être enterré lui-même. À mesure que la mort lui en enlevait une, il comblait tout de suite le vide avec une nouvelle épouse. Personne n'a jamais su combien de femmes il avait eues, pendant son passage sur cette terre, et probablement il ne le savait pas lui-même. Hafiz-Pacha n'en était pas moins le type du bon et brave musulman, honoré de tous, et tel qu'on n'en trouve plus guère au milieu de cette génération pervertie qui peuple aujourd'hui la Turquie.

Souvent la jalousie des femmes a recours, en désespoir de cause, à des pratiques superstitieuses, qui jadis avaient cours en Europe même. Il est tout simple que la femme qui a vainement lutté contre une rivale par tous les moyens naturels de plaire, appelle à son aide l'art mystérieux de la magie. Comme son amour-propre ne lui permet pas de croire qu'elle ait été vaincue par les charmes supérieurs de sa rivale, elle cherche la cause de sa défaite dans les sortilèges que celle-ci aura employés contre elle.

– Eh bien, se dit-elle, sorcellerie pour sorcellerie ! Voyons qui de nous deux aura les meilleurs philtres !

Et tout de suite la pauvre femme se met en rapport avec quelque vieille plus ou moins experte dans l'art des maléfices, et tâche de s'y faire initier par elle.

– Ma chère, dit-elle en confidence à l'une de ces diablesses accroupie près de son divan, il n'y a pas à en douter, la coquine (la petite dame, par exemple) a ensorcelé ce pauvre pacha. Elle fait de lui tout ce qu'elle veut ; le malheureux est tellement changé qu'on a peine à le reconnaître. Qu'en dis-tu ? si l'on jouait à cette scélérate un tour de son métier ? tu connais peut-être quelque bon *hodja* (sorcier) qui pourrait me procurer un *bouiou* (amulette) tout-puissant ?

– Oui, madame, il y a un certain Sivasli hodja qui vient

précisément d'arriver ; on dit que c'est un sorcier du premier mérite, tout le monde court chez lui. Si vous voulez, madame, nous prendrons jour pour y aller ensemble.

– Oui, ma chère Aïché-Mollah, mais je ne voudrais pas qu'il ressemble aux autres hodjas que j'ai déjà vus, et dont les bouïous sont restés sans effet.

– N'ayez pas peur, madame ; Sivasli hodja est bien connu, Dieu merci ! Des sultanes même vont le trouver.

Donc, le jour convenu, les deux femmes se rendent chez le sorcier en vogue, et après une longue attente elles sont enfin introduites auprès du vénérable hodja qui prend un air gracieux pour écouter leurs confidences. Il commence naturellement par consoler la suppliante ; en pareil cas, il ne faut jamais désespérer ; car il y a toujours moyen de toucher le cœur du mari le plus endurci et le plus rebelle à l'amour. Quant à la petite malheureuse, ses sortilèges, le bon hodja peut l'affirmer, ne sont que jongleries et puérilités, attendu que c'est lui, lui seul qui possède le vrai *Bouïou*, garanti par la puissance d'en haut à la suite de ses prières et de ses exorcismes.

Là-dessus, le sorcier prend de petits morceaux de papier, découpés d'une certaine façon, sur lesquels il griffonne une quantité de signes et de chiffres incompréhensibles ; il y ajoute un petit paquet de poudres mystérieuses, mélanges de sel, de soufre et d'autres ingrédients inconnus. Puis, en remettant cette recette merveilleuse entre les mains de sa cliente, le hodja a soin d'y joindre des instructions détaillées sur la manière de s'en servir. Les papiers doivent être placés sur les draps du lit conjugal, le jour où la petite dame sera de service. Quant aux poudres, il faudra en jeter une certaine quantité sur le brasier, afin que la fumée chasse les mauvais esprits évoqués sans doute par cette perfide rivale.

Notre jalouse écoute ces recommandations avec une confiance touchante, met quelques pièces d'argent dans la main du savant personnage et retourne chez elle toute réconfortée et joyeuse.

Là, elle choisit son heure, et prépare la chambre de son mari pour l'œuvre magique, avant que les deux complices qu'elle veut désunir y pénètrent.

Ces pratiques absurdes sont pourtant l'histoire de tous les

harems ; et il est heureux qu'il en soit ainsi, sans quoi les femmes qui ont des sujets de chagrin perdraient leur seule consolation, l'espoir, et les hodjas, eux, perdraient leurs revenus.

Les sorciers ont aussi des bouïous très puissants pour combattre la stérilité chez les fermes. Cette branche d'industrie est très lucrative en Turquie, comme ailleurs. Elle donne lieu souvent à de graves abus, car la nature intime du traitement oblige les femmes à prendre des confidents dont l'honnêteté n'est pas à toute épreuve.

Les hodjas sont pour la plupart des paysans de l'Anatolie qui viennent chercher fortune à Constantinople. Pour de pareilles gens tout moyen est bon, pourvu qu'il rapporte. Il y a parmi eux des personnages fort riches, qui jouissent d'une grande réputation.

XX

POLYGAME DIPLOMATIQUE

La polygamie diplomatique est une convention qui remonte seulement à quelques années. C'est une modification de la polygamie, que les convenances politiques ont rendue nécessaire. Il n'est question de rien de pareil dans le Coran. La loi religieuse autorise tout musulman à organiser son harem en deux divisions ; celle des femmes mariées au nombre quatre, et celle des esclaves, ou odalisques, en nombre illimité.

Ce système a fonctionné sans entraves pendant la belle période de la puissance ottomane. Dans ces jours bénis, tout le monde était libre d'entasser richesses sur richesses, les trésors féminins comme les autres, et de faire du harem un paradis anticipé. On se moquait alors de ce que des voisins envieux pouvaient dire, et l'on se contentait de déclarer en haussant les épaules :

« Nous nous trouvons bien comme nous sommes ; et si nous nous montrons satisfaits des biens que le ciel nous accorde, nul n'a

le droit d'y trouver à redire. »
   Pendant des siècles et jusqu'à une époque bien rapprochée de nous, ce fier langage a prévalu. Grands ou petits, chacun suivant ses moyens, agissait à sa guise, sans se préoccuper de l'opinion des étrangers. Mais la décadence de l'empire ottoman mit fin à cet esprit d'indépendance, et les propriétaires de harems se virent contraints de modifier quelque peu leur ton et leur attitude.
   Ces voisins, qui jusque-là ne savaient pas grand-chose de ce qui se passait au sein de la société turque, commencèrent à explorer les profondeurs des harems, et à glisser des regards indiscrets par-dessus les hautes murailles et derrière les portes de fer de ces mystérieuses retraites. Ils découvrirent alors l'immoralité de cette vie commune protégée par des lois iniques et absurdes. Émus de ce spectacle navrant, ils crurent de leur devoir d'adresser quelques représentations amicales à ces hommes égarés, et les représentants des divers pays, s'abouchant avec les principaux personnages du Divan, entamèrent des pourparlers sur cette question délicate. Dans la conférence qui fut ouverte à ce sujet, ils firent valoir avant toute autre chose l'intérêt même de la Turquie.
   « Un aveugle même, dirent-ils, pourrait voir que le système social et politique de votre pays l'a placé sur une pente fatale qui doit l'entraîner vers l'abîme. Toutes les réformes entreprises jusqu'à ce jour étaient sans doute sages et belles ; mais quels bons effets peut-on s'en promettre tant que la société turque sera livrée à un tel état de confusion et de désordre ? Aussi longtemps que régnera chez vous la polygamie, il est impossible de vous prédire un heureux avenir. Nous sommes prêts à reconnaître, ajoutaient-ils, que votre situation est très délicate et que vous avez de grands obstacles à vaincre pour opérer une révolution de cette importance ; mais les difficultés ne changent rien à la question. Si vous n'avez pas le courage de porter la main sur le vieil édifice, il s'écroulera sur vous, et vos jours sont comptés d'avance. »
   Ce langage énergique, tout confidentiel et officieux qu'il était, devait produire une forte impression sur l'esprit des diplomates qui tenaient dans leurs mains les destinées de la Turquie. Sans doute ils ne pouvaient méconnaître des principes si équitables et si nettement posés ; mais l'embarras qu'ils éprouvaient laissait

assez voir combien ils auraient de peine à mettre leurs actes d'accord avec leur conscience.

Après quelques instants d'hésitation, R***-Pacha, l'un des plus influents parmi ces hauts dignitaires, prit la parole au nom de ses collègues et s'exprima à peu près en ces termes :

– Les principes que vous venez d'émettre, messieurs les représentants, sont des vérités que mes collègues et moi nous admettons et pour le triomphe desquels nous sommes disposés à n'épargner ni peines ni sacrifices. Les hommes éclairés parmi nous n'hésitent pas à avouer que la polygamie est le cancer qui ronge et détruit notre société. Nous guérir de ce mal est l'œuvre par excellence que tout patriote, tout musulman doit avoir à cœur d'entreprendre et d'accomplir ; car les avantages et je dirai même les bienfaits qui résultent de la monogamie sont immenses et nous savons les apprécier. Pour moi, je souhaite de tout mon cœur qu'une réforme radicale s'opère dans notre système social et que l'émancipation des femmes amène la destruction de la polygamie. Un jour viendra sans doute où les femmes, débarrassées de leurs voiles, iront à visage découvert par les rues et dans le monde, comme en Europe, mais hélas ! je suis vieux et cet heureux jour, je ne le verrai pas !...

Notez que pas un seul vrai croyant n'assistait à cette conférence et n'entendait le discours du ministre.

– Pour en venir, ajouta-t-il, à la question telle qu'elle est posée devant nous, les obstacles qui s'opposent à sa solution sont quant à présent insurmontables : vous avez été assez justes pour le reconnaître, et le premier de ces obstacles, c'est le Coran, notre code social et politique, notre loi suprême. Dès qu'il autorise d'une manière formelle la polygamie, comment pourrions-nous l'abroger sans soulever contre nous l'indignation de tous les croyants ? D'ailleurs, on nous voit déjà de mauvais œil dans notre pays et il ne manque pas de gens qui nous accusent ouvertement d'être *giaours*. Il ne faudrait qu'une loi proposée contre la polygamie pour nous faire perdre, d'abord nos portefeuilles et ensuite peut-être la vie.

Veuillez prendre ces faits en considération, messieurs ; le seul engagement auquel nous pourrions nous prêter, ce serait de tenter des réformes partielles qui, petit à petit, nous feraient atteindre le but de vos désirs et des nôtres.

Ce discours de R*** produisit un grand effet sur les représentants européens, et leurs gestes d'assentiment témoignèrent qu'ils en approuvaient la sagesse. L'un d'eux cependant ne se tint pas pour satisfait par les déclarations du diplomate turc, et sur-le-champ il réclama la parole pour passer de la théorie à l'application pratique. Comme il donna beaucoup d'étendue à sa dissertation, je me bornerai à en extraire l'idée dominante, dont voici le résumé :

– S'il vous est impossible, répliqua-t-il, de mettre le Coran de côté, il faut que vous essayiez de supprimer la polygamie par des moyens détournés. Quand on ne peut pas détruire le *fond*, on modifie la *forme* ; c'est toujours un progrès. Qui donc vous empêcherait, messieurs, de donner l'exemple à tous, en n'ayant vous-mêmes qu'une seule femme ? Votre conduite serait la meilleure protestation contre la polygamie, et vous ne sauriez manquer, étant placés si haut, d'avoir de nombreux imitateurs.

Ces paroles trouvèrent un écho unanime dans la conférence, et dès qu'elle fut terminée, les diplomates radieux se saluèrent en souriant et en se félicitant mutuellement, et se hâtèrent d'expédier à leurs gouvernements respectifs de longs rapports où ils s'applaudissaient de la conversion miraculeuse du Divan au principe de la monogamie.

Si les représentants européens avaient raison de se réjouir, la satisfaction devait être plus vive encore chez les ministres de la Porte Ottomane ; car l'idée qu'on leur avait suggérée de ménager le fond en modifiant la forme, leur ouvrait une nouvelle mine de combinaisons politiques.

On s'empressa de réunir un conseil où furent prises, séance tenante, les résolutions suivantes :

1° La monogamie était déclarée une question de cabinet.

2° Les principaux personnages de l'empire étaient invités à n'avoir officiellement qu'une femme. C'était l'enseigne de la monogamie.

3° Quant au reste des croyants, ils étaient absolument libres de s'en tenir aux anciens usages et de garder en même temps le fond et la forme des institutions musulmanes.

Tous les hommes d'État qui étaient à la tête des affaires et qui se trouvaient en contact avec les représentants étrangers, se hâtèrent de répondre à l'appel que l'on avait fait à leur patriotisme. Malheureusement l'empressement qu'ils déployèrent pour se faire inscrire sur la liste des diplomates à une seule femme n'était qu'une feinte, qui leur servait à la fois à obtenir le renom d'un homme civilisé et à mériter un portefeuille. Mais enfin le zèle pour une bonne cause a toujours un côté louable.

Depuis lors, tous les grands de l'empire se sont ralliés à la reforme apparente que l'on venait d'inaugurer. Je dis apparente, et voici pourquoi : les nouveaux convertis à la monogamie se sont mis à proclamer à droite et à gauche qu'ils n'avaient qu'une seule et unique épouse. Comme preuve à l'appui de cette déclaration, chacun d'eux présenta une femme dans les cercles francs, sous des noms jusqu'alors inconnus ; c'étaient madame R***, madame F***, madame M***, etc. Après quoi les nouveaux convertis et les familles de Péra où ces dames avaient été introduites, commencèrent à échanger des visites, et les héros monogames furent l'objet de vraies ovations, dont les correspondants de la presse se firent les échos d'un bout à l'autre de l'Europe.

Pour compléter cette comédie, les Excellentes à une femme eurent soin de mettre leur épouse diplomatique en évidence. Madame A***, madame M***, etc., parurent dans les grandes réceptions au sérail et dans les lieux publics avec tout l'éclat et le faste imaginables, afin que tout le monde sût bien que Leurs Excellences n'avaient qu'une femme officielle et avouée.

Jusqu'ici je n'ai montré que le côté monogame de la médaille ; voyons le revers polygame.

Après avoir rempli la première partie de leur programme, *la modification de la forme*, les diplomates eurent soin de se rattacher à la seconde, *le maintien du fond* ; et dans ce but, ils eurent recours à un expédient qui leur permettait de garder en réalité le ménage à quatre, tout en sauvant les apparences. Ainsi, chacun d'eux s'adjugea secrètement deux ou trois autres femmes, qu'il confia à de fidèles et discrets serviteurs ; et pour que le mystère fût mieux gardé, au lieu de tenir les trois femmes réunies dans le même lieu, on les partagea entre deux ou trois maisons différentes.

Ainsi, toutes les fois qu'un de ces hommes d'État voulait voir sa bien-aimée, il se rendait ouvertement chez son secrétaire, son trésorier, enfin chez celui qui gardait sa favorite du moment, sans que personne pût se douter du vrai but de ces visites. Ce plan ingénieux a le mérite incontestable de remplir toutes les conditions d'un système polygamo-monogame que j'ai eu raison d'appeler aussi polygamie diplomatique. En effet l'épouse diplomatique est le pavillon qui couvre les trois femmes de contrebande.

On voit par là qu'en tous pays les diplomates savent se tirer d'affaire.

Mais tôt ou tard la fraude finit par se découvrir. Il y a dans les chancelleries, comme partout, des maladroits qui laissent pénétrer le secret de leurs habitudes ; il y en a d'autres, les maîtres de l'art, ceux-là, qui ont porté le masque avec aisance pendant toute leur vie.

J'ai moi-même été témoin d'une comédie de ce genre, à propos de R***, l'orateur dont on a lu plus haut le discours. R*** était un vrai génie diplomatique ; il excellait dans le maniement des affaires tant extérieures qu'intérieures. Pour ne parler que de celles-ci, il s'entendait merveilleusement à diriger l'une des plus difficiles qui soient au monde, c'est-à-dire un harem. Fidèle à la parole donnée, il n'avait dans son ménage qu'une seule femme, qui partageait ses grandeurs. Cette dame n'était pas d'une humeur commode. Épouse dévouée et femme de bien, elle avait la manie, trop commune à son sexe, de vouloir faire marcher les choses à sa guise et de s'emporter quand elle n'y réussissait pas. Dans ces cas-là elle passait sa colère sur quiconque osait lui résister, fût-ce même sur son mari le pacha. Quand de pareils orages éclataient, R*** n'avait rien de plus pressé que de prendre sen chibouck, sa pelisse, et ses pantoufles et de déserter le champ de bataille. On s'étonnait de voir un homme de cette valeur, devant qui le sultan baissait la tête et qui faisait trembler tout le monde, s'enfuir ainsi devant sa femme. R*** cependant avait ses raisons. Plein de déférence pour cette épouse officielle, cette digne mère de famille qu'il avait installée maîtresse absolue dans son ménage, il lui avait concédé la forme, mais il s'était tacitement réservé le fond, c'est-à-dire quelques légers dédommagements qui le consolaient un peu des moments d'humeur de sa moitié. Ainsi, il avait trois autres femmes, ce qui complétait son harem. Pour se conformer aux exigences politiques, il avait eu soin de répartir ces dames chez des personnes de son entourage. K***-Effendi, son premier chambellan, en prit une sous son toit, R***-Agha, son premier huissier en reçut une autre, et la troisième trouva une complaisante hospitalité chez un ami intime. Chacune d'elles avait son appartement, ses serviteurs et son équipage. C'est là que le pacha allait se réfugier pendant les accès de colère de madame R***, sous prétexte d'une visite à K*** ou aux autres receleurs de ses trésors de beauté. Parfois c'était le tour de ces dames de venir trouver Son Altesse dans un kiosque isolé, situé sur une colline qui domine le golfe d'Istmith et le Bosphore.

Les choses furent si habilement menées que madame R*** n° 1, dont le palais se trouvait au bas de cette même colline, ne se douta même pas de ce qui se passait au-dessus d'elle et qu'elle ne l'aurait jamais su, si le mystère n'eût été éventé par la mort subite du pacha.

En effet, un ou deux jours après la mort de R***, les trois recluses sortirent comme par enchantement de dessous terre. Cette apparition de trois femmes, avec leurs enfants dans les bras, surprit tout le voisinage et madame R*** plus que les autres.

– Ah ! malheureux ! s'écria-t-elle, que je regrette les larmes que j'ai versées pour toi !

Mais la pièce était jouée, et le rideau baissé après la mort de l'acteur. Plus tard ses collègues et ses disciples sont entrés en scène à leur tour pour jouer la même comédie, où ils ont obtenu le même succès.

XXI

LES MARIAGES MIXTES

Les mariages mixtes sont ceux d'un musulman avec une

chrétienne.

La loi musulmane permet à un musulman d'épouser une chrétienne, mais elle défend aux chrétiens de prendre des femmes musulmanes. Cette disposition a évidemment pour but de propager la race des croyants et de diminuer celle des *giaours*, car la femme chrétienne donne le jour à des musulmans, tandis que la musulmane ne saurait enfanter des chrétiens.

Cette loi porte l'empreinte de l'esprit sémitique, en ce sens qu'elle avilit la femme, considérée par elle comme une nullité. La femme à ses yeux est un champ, nous l'avons déjà dit ; et à ce titre, le musulman peut posséder l'objet sans s'inquiéter de sa provenance. Comme le champ n'a ni foi, ni esprit, ni volonté à soi, il serait absurde de s'occuper de ce que croit, pense et veut une femme. Elle n'est absolument rien de plus qu'un domaine ; le musulman donc le cultive et en récolte le fruit ; car le fruit appartient au propriétaire. C'est ce qui explique pourquoi les enfants issus de ces sortes de mariages doivent être tous musulmans comme le Père, les filles aussi bien que les fils.

Les mariages mixtes étaient fort rares dans les temps anciens, et cela par une raison bien simple, c'est que les femmes réduites en esclavage devenaient musulmanes avant d'épouser, soit celui qui les avait prises, soit celui qui les avait achetées. Les chrétiennes qui épousaient des musulmans tout en gardant leur religion n'ont jamais été bien nombreuses. De tels mariages se contractaient généralement par force, quand, par exemple, des parents chrétiens n'osaient pas refuser leur fille à un sultan ou à un vizir puissant ; mais d'ordinaire, dans ces cas-là, on en venait à un arrangement, en vertu duquel le mari s'engageait à respecter la foi de sa femme, et lui permettait le libre exercice de son culte.

L'histoire a enregistré plusieurs exemples de cette tolérance ; je citerai entre autres la mère de Mohammed qui était une princesse byzantine. De pareilles alliances ne soulèveraient pas aujourd'hui la moindre difficulté ; car les sultans, réduits à l'impuissance, n'auraient pas les moyens d'intimider ou de réduire une princesse chrétienne. Le peu de mariages mixtes que l'on voit se conclure de nos jours ont lieu surtout dans les localités où une population de même race est divisée par les croyances religieuses. Ainsi, dans l'île de Crète, où les musulmans et les chrétiens ont la même origine et parlent la même langue, ils s'entre-marient assez souvent ; mais les enfants issus de ces unions sont toujours élevés comme musulmans.

Ces mariages offrent quelquefois des scènes assez piquantes par le contraste. Vous verrez, par exemple, au milieu d'un harem, l'image de la madone avec une lampe qui brille en son honneur. Il se pourra même quelquefois que vous rencontriez un pope ou un prêtre catholique frappant à la porte de sa pénitente, une hanum chrétienne. Moustapha-Pacha avait ainsi en Crète une petite dame (ou quatrième femme) chrétienne, qu'il avait épousée, quand il était gouverneur de l'île.

La situation de ces femmes est loin d'être enviable. Outre qu'elles doivent se résigner, comme les autres, à la claustration et au communisme conjugal, elles ont encore à supporter l'humiliation qui s'attache au nom de giaour, flétrissure qu'elles transmettent même à leurs enfants mahométans. Ainsi, Méhémet-Bey, l'un des fils de Moustapha-Pacha par sa femme grecque, était partout montré au doigt comme fils d'une giaour. Quant à la famille de l'épouse chrétienne, père, frères, etc., elle est toujours tenue à distance ; les neveux mêmes du mari auraient honte d'avouer leur parenté avec ces intrus.

Quant à cette variété de mariages mixtes qui unit en pays chrétien un Turc avec une Européenne, elle ne date que de ces derniers temps, c'est-à-dire de l'époque où les relations internationales ont rapproché les peuples de l'Orient et de l'Occident. En effet, depuis que les pays musulmans se sont fait représenter dans les capitales de l'Europe, et que la jeunesse orientale s'est mise à fréquenter les universités et les académies de l'Occident, une foule de jeunes Turcs en a pris occasion de se mêler à la société chrétienne et d'y former des relations plus ou moins intimes. Ces jeunes gens, qui se sont formé une haute idée des femmes européennes, de leur esprit, de leurs grâces, s'imaginent qu'ils ne peuvent mieux faire que de retourner chez eux avec une madame sous le bras, sans songer que cette aimable créature dont les charmes les ont fascinés ne saurait se prêter ni à leurs idées ni à leurs usages, ni surtout à leurs croyances religieuses, et que la vie commune ne promet à tous les deux qu'une perspective de malheurs sans fin.

Parmi ces jeunes aspirants à la main d'une Européenne, il se trouve parfois de rusés drôles qui ne cherchent qu'à faire des dupes. – Prenons toujours cette jolie personne, se disent-ils, et quand nous serons à Constantinople, nous la façonnerons à notre guise. Une fois là, que pourra-t-elle faire ? – Ces sortes d'individus tiennent à avoir une femme à la française, en se réservant de la traiter à la turque, suivant la méthode que nous connaissons.

D'un autre côté, il y a des femmes chrétiennes pour qui un beau Turc n'est point un être à dédaigner, surtout lorsqu'il unit aux avantage de sa personne l'auréole d'une position diplomatique. Les filles et les femmes de l'Europe sont parfois assez excentriques, et l'on conçoit que le titre de pacha puisse chatouiller leur imagination et les faire rêver d'un harem où elles trôneraient en sultanes favorites. Elles ne connaissent de la Turquie et des Turcs que ce qu'elles en ont vu dans les recueils illustrés, ou ce qu'elles en ont lu dans les contes des voyageurs. Si elles savaient que ce musulman qu'elles croient captiver est un oiseau de passage qui ne laisse jamais prendre à aucun piège, et qu'une fois rentré chez lui, il n'y a ni loi, ni obligation sociale ou morale qui puisse le retenir, elles prendraient garde à elles, les pauvres créatures, et pas une ne serait tentée d'aller étudier sur place les romanesques légendes du Bosphore.

Comment, à vrai dire, lier un musulman par la vertu d'un contrat de mariage dressé et légalisé suivant la procédure en vigueur chez les nations chrétiennes ? S'il s'engage par écrit ou par devant notaire à ne pas divorcer et à ne pas épouser une autre femme du vivant de la sienne, cet engagement n'aura aucune valeur, puisque sa loi à lui, sa loi divine et humaine, le Coran, lui permet de faire à cet égard tout ce que bon lui semble. Il n'y aurait donc selon moi qu'un seul moyen pratique d'assurer une femme européenne contre les nullités d'un mariage de ce genre ; et encore ce moyen ne garantirait-il que ses intérêts matériels : ce serait de stipuler en sa faveur un dédit fabuleux, d'une somme par exemple de deux cent mille francs, qui devrait lui être payée dans le cas où le mari violerait ses engagements ; et pour plus de sûreté, il faudrait faire reconnaître cette stipulation par les autorités musulmanes, et au besoin même la faire contresigner par quelque puissance étrangère.

Je pourrais citer plusieurs exemples à l'appui de ce que je viens de dire sur les mariages entre des musulmans et des chrétiennes.

Pendant que X***-Pacha occupait les principautés danubiennes, il rencontra dans une des premières maisons de Bucarest une demoiselle allemande douée des plus rares qualités physiques et morales. Il devint éperdument amoureux d'elle, la demanda en mariage et réussit à obtenir sa main. Mais, quelques années après, malgré toutes les protestations et tous les serments que lui avait prodigués X***-Pacha, la pauvre femme se trouva dans la rue.

Voici comment les choses en étaient venues là. X***- Pacha avait appris que Y***- Pacha était le père d'une très belle fille de seize à dix-sept ans, nommée Emineh. Suivant sa coutume, il devint éperdument amoureux d'elle, sur la seule description qu'on lui avait faite de cette merveilleuse beauté. Ayant résolu de l'épouser, il s'avisa que l'Allemande était de trop dans la maison. Il fallut donc songer à se débarrasser d'elle. Son droit était clair, et la chose facile. Il campait alors en Crimée devant Sébastopol. Il appela tout simplement son aide de camp et lui remit un mot de congé pour sa femme, avec ordre de la jeter à la porte si elle faisait la moindre résistance. Cet ordre fut exécuté à la lettre, et depuis lors la malheureuse jeune femme a couru le monde pour se procurer des moyens d'existence.

Une autre histoire est empruntée à l'ancien ambassadeur de Turquie à ***, H***-Effendi, qui se maria en 1870. Il avait fait la connaissance d'une demoiselle de bonne famille qu'il demanda en mariage, et qu'on lui accorda avec un peu de difficultés ; mais ce n'est pas aux diplomates que manquent les moyens de séduction, surtout quand leur mérite est rehaussé par un titre officiel.

Il existait cependant un obstacle à la réalisation de ce mariage, H***-Effendi avait déjà une femme à Constantinople, une survivante de son ancien harem ; or, H*** comptait, en épousant l'étrangère, réformer son ménage et s'établir à la française ; et, de son côté, celle-ci ne se serait jamais résignée à la polygamie, même diplomatique. Mais l'obstacle était peu de chose, le divorce en fit justice, et l'ancienne femme fit place à la nouvelle.

Voilà donc la jeune épouse arrivant à Constantinople avec son mari, qui, bravant les anciens usages et les préjugés de son pays, l'installe dans sa maison, et présente madame H*** sans voile ni manteau à toute la société, en se posant lui-même comme un apôtre de la réforme des harems. Tout alla à merveille pendant quelque temps ; mais tout à coup Ali-Pacha vint à mourir ; c'était le protecteur d'H***-Effendi ; c'était lui qui le soutenait contre les clameurs des vieux croyants. Aussi, du jour au lendemain, H*** fut-il destitué de ses fonctions et envoyé en exil.

Un exil en Asie Mineure n'a rien d'agréable pour personne, à plus forte raison pour des gens civilisés, habitués aux délices du Prater et à l'animation du Ring. H*** et sa femme durent faire là de tristes réflexions sur les vicissitudes des choses humaines, d'autant plus que leurs souffrances morales étaient sensiblement accrues par la gêne matérielle.

Les fonctionnaires ottomans ont rarement quelques biens personnels. En général, ils dépendent de leur salaire. Le salaire supprimé, les voilà sur le pavé. La jeune femme ne savait rien probablement de ces conditions de la vie turque ; quand l'expérience les lui apprit, il était trop tard ; elle était déjà emportée par le tourbillon qui renversait la maison de l'ex-Effendi.

Quelle fut la fin des aventures de ces deux époux ? je l'ignore. Peut-être sont-ils retournés à Constantinople en vertu de quelque amnistie. Ils doivent savoir en tous cas que leurs noms et leur mariage mixte sont réprouvés par toute la nation orthodoxe.

J'ajouterai, pour être juste, que H***, malgré la disgrâce injuste que lui a value cette union, est resté fidèle à sa seconde femme, démentant ainsi la vieille chanson :

    Siete Turchi, e non vi credo
    Canto donne intorno avete [4].

XXII

CONCLUSION

En terminant cet essai sur la condition des femmes dans la société musulmane, il est juste d'y ajouter quelques remarques à propos de l'influence générale de l'Islamisme sur les nations orientales.

Mahomet, en écrivant son Coran, avait rêvé, comme je l'ai dit, un monde modèle d'où le vice était banni. Selon lui, la séparation des sexes était un principe qui devait mettre un frein aux passions des hommes, et laisser le champ libre à leurs idées spéculatives.

Eh bien, l'expérience a donné un démenti aux prévisions du Prophète dans l'ordre social aussi bien que dans l'ordre politique ; je laisse de côté la question religieuse. Jamais les sociétés musulmanes n'ont brillé par la pureté de leurs mœurs ni par l'éclat de leur civilisation. Voyez celle qui s'est le plus distinguée dans l'histoire, la société arabe ; vous la trouverez bien inférieure encore aux peuples grecs et romains qui l'ont précédée, et aux nations civilisées qui l'ont suivie.

Que la corruption soit plus précoce et plus intense chez les musulmans que chez les autres peuples, c'est un fait démontré d'une manière irrécusable. Si je me mettais à raconter tout ce qui se passe dans les harems et hors des harems, j'aurais de quoi remplir des volumes comparables au *Décaméron* de Boccace. Il suffira de dire ici que les femmes turques savent bien, grâce à leurs ruses, se moquer des grilles, des murailles et des eunuques qui les gardent. D'ailleurs, il est facile de comprendre que l'isolement même de leurs appartements favorise à souhait les aventures de tout genre.

Quand une femme turque dit à son époux : « N'entrez pas, j'ai des visites », celui-ci est obligé par bienséance de se retirer ; sans quoi il s'exposerait à voir la femme d'autrui sans voile ; ce qui ne lui est pas permis. Supposons maintenant que cette visite soit celle d'un homme qui aura su s'introduire là par quelque stratagème, et figurez-vous la mine que fera le mari devant cette porte qu'il n'ose pas franchir ! Naturellement, s'il conçoit des soupçons, il a bien le droit de forcer la consigne ; mais quoi ? en Turquie comme ailleurs, il est impossible à un mari de monter continuellement la garde devant la chambre de sa femme.

Je me souviens qu'un jour tous les propriétaires de harems furent frappés d'une terreur panique par l'apparition d'un revenant habillé en femme. Le revenant n'était autre qu'un mignon jeune homme en chair et en os, nommé Réchid, qui s'était mis à courir les harems, pour consoler les belles délaissées.

Voici comment il s'y prenait : vêtu en femme très élégante et accompagné de sa sœur, il allait frapper aux différentes portes d'un harem. Son travestissement était si parfait que, dans les maisons les mieux surveillées, ses aventures passèrent longtemps inaperçues. À la fin, cependant, le nouveau Faublas se laissa surprendre et fut mis sous les verrous. L'interrogatoire qu'il eut à subir révéla, dit-on, bien des mystères et compromit une certaine quantité de noms considérés ; car sa galanterie s'exerçait sur une grande échelle et employait un nombreux personnel. Lui-même, en effet, n'était que le chef d'une bande de jeunes libertins.

Cette anecdote suffit pour soulever le coin d'un rideau qu'il m'est interdit de tirer tout entier. On voit que les femmes, malgré le soin qu'on prend de les enfermer, finissent toujours par faire ce qu'elles veulent. Partout la lutte existe entre la force et la ruse ; il est dans la nature des choses que ce soit tantôt l'une, tantôt l'autre qui triomphe. Tout le monde, en Turquie, reconnaît cette vérité, et pourtant l'on s'y obstine dans des efforts inutiles pour asseoir et éterniser le règne d'un système brutal.

Ne vaudrait-il pas mieux faire cesser la lutte en donnant pleine liberté aux femmes, en les instruisant de leurs devoirs et en les intéressant à la vie sociale ? – Mais, me dira-t-on, est-ce qu'il n'y a pas en Turquie une foule de gens qui comprennent ces vérités, et qui sentent la nécessité d'une réforme complète ? Est-ce que les hommes qui dirigent la politique du pays ne voient pas que leur peuple doit périr, s'il continue à marcher dans la même voie ?

Je répondrai qu'en Turquie les hommes qui raisonnent ainsi sont en telle minorité qu'on pourrait aisément les compter : Ali,

Fuad, Achmet-Fazil, Munif, une douzaine d'hommes d'État peut-être ; mais ceux-là, malgré leur capacité et le pouvoir dont ils ont été investis, sont impuissants à changer ou à modifier le système social. Les causes de cette impuissance sont tirées du fond même de la politique, de la raison d'État, contre laquelle ne saurait prévaloir aucun effort individuel. Ces causes, les voici :

Le peuple musulman n'est pas une race dont les membres se tiennent unis par la force d'attraction qu'exercent les liens du sang et les influences climatériques. C'est une masse composée d'éléments hétérogènes qui adhèrent à une foi commune, et qui sont rattachés ensemble par certaines lois et certaines habitudes.

Cette masse a donc la foi musulmane pour base et pour unique centre de cohésion. S'il m'était permis d'emprunter à la mécanique une comparaison vulgaire, je dirais : Figurez-vous la société musulmane sous la forme d'une immense roue, où la croyance en Allah et en Mahomet tiendrait la place de l'essieu, où les mœurs orientales correspondraient aux rayons et aux jantes. Comme il est impossible de supprimer la moindre pièce de la roue sans démonter tout le mécanisme, de même toucher si peu que ce soit aux mœurs et aux vieilles coutumes des peuples musulmans, ce serait décomposer leur organisme artificiel. Les liens qui resserrent les croyants fidèles en une masse compacte étant relâchés ou brisés, vous verriez aussitôt les musulmans grecs, les musulmans slaves, les musulmans arméniens, etc., se séparer, obéir aux attractions particulières qu'exerceraient sur eux les influences ethnologiques, et s'agglomérer autour de nouveaux centres. Des nationalités diverses prendraient la place d'un grand empire ; et l'écroulement du vieil édifice serait la conséquence nécessaire d'une atteinte portée à ses lois fondamentales. Donc, les harems, l'esclavage domestique et toutes les absurdités de la loi musulmane doivent être regardés comme indispensables au maintien de l'empire ottoman, aussi bien qu'à la tranquillité des puissances qui ont garanti son intégrité.

Supposez, pour un instant, que le sultan s'avise de décréter la suppression des harems et qu'il laisse sortir toutes les femmes libres et sans voile, le premier effet de cet édit serait d'assimiler les musulmans au reste des populations grecques, slaves, arméniennes, etc., et par conséquent de faire tomber toutes les barrières qui séparent actuellement les conquérants des peuples conquis ; or, une fois privé des remparts qui le protègent, le Turc, incapable de tenir tête à ses puissants voisins, serait bientôt absorbé par leurs progrès envahissants. De ce moment l'Islamisme cesserait de constituer une unité sociale et politique.

Ali-Pacha le disait clairement à ses collègues de la diplomatie :

« Nous ne pouvons toucher à quoi que ce soit de notre système social et politique ; car si l'on déplace une pierre, tout l'échafaudage s'effondrera. Notre devoir (lisez : notre intérêt) est de le soutenir, aussi longtemps que possible, et pour cela d'en boucher les trous et les crevasses, et d'en badigeonner les murs. »

Ces paroles, sorties de la bouche d'un éminent homme d'État, expliquent, mieux encore que tout ce que j'ai pu dire, que le système social musulman, soit qu'il demeure intact, soit qu'il subisse une réforme radicale, est condamné à périr dans un avenir plus ou moins prochain.

Après avoir démontré que dans l'ordre social le fondateur de l'Islamisme a manqué le but qu'il s'était proposé, constatons aussi qu'il n'a pas moins échoué dans ses prétentions politiques.

Si l'on entreprend, l'histoire à la main, l'étude des différentes dynasties musulmanes qui se sont succédé, l'on se convaincra qu'aucune d'elles n'a eu le don de longévité. Enfantées au milieu d'un ouragan de fer et de feu, ces dynasties ont sombré tout à coup dans des abîmes de sang et de fange, sans laisser à peine quelques traces de leur existence éphémère. Les Omniades, les Abbassides, les Seldjoukides, etc., n'ont traversé tout au plus que deux ou trois siècles. La dynastie des Ottomans est celle qui a le plus duré, mais cette prolongation de vie est due à des causes extérieures, qui n'ont aucun rapport avec ses éléments organiques.

L'existence ou la carrière sociale et politique d'une nation peut se diviser en trois périodes : la période ascendante ou de conquête, la période de grandeur ou d'apogée, enfin la période de décadence.

Dans la première de ces périodes, les peuples musulmans se sont élevés avec un élan et une rapidité extraordinaires, dus à la force d'expansion du fanatisme religieux uni à l'ardeur guerrière.

La période d'apogée est celle de civilisation, quand une société, parvenue à la pleine possession d'elle-même, peut, en développant toutes ses facultés, apporter son tribut aux progrès de l'humanité, et souvent effacer les autres nations par l'éclat de sa supériorité morale et intellectuelle. Cette période n'a pas existé pour les peuples musulmans. Arrivés à leur zénith, ils se sont tout à coup dérobés sous un épais nuage, et se sont précipités vers leur déclin. Les éclairs qui parfois ont percé ces ténèbres ne sont que les rares échappées d'un art ou d'une industrie secondaires. Hors de là, tout disparaît derrière une triple couche de bigotisme, d'inertie et de corruption.

La cause vraie de cet avortement fatal n'est autre que le système social musulman, dont le vice organique tend à dégrader et à paralyser un des instruments essentiels du progrès : la femme. La civilisation humaine est l'œuvre commune des deux sexes ; annuler la moitié de ces puissants éléments, c'est détruire l'œuvre même dans sa source, et entraver l'action divine.

Durant la période guerrière, la coopération de la femme est moins nécessaire, et l'absence s'en fait moins sentir. Voilà pourquoi les musulmans ont pu poursuivre et achever des conquêtes merveilleuses à l'aide seulement de leur foi ardente et de leur humeur belliqueuse. Mais, arrivés à la deuxième période, ils durent s'apercevoir de l'inanité de leur système quand les femmes refusèrent ou plutôt se trouvèrent incapables de concourir avec eux à l'œuvre civilisatrice qui leur était imposée.

La période d'apogée est donc à peu près nulle dans la carrière des peuples musulmans, de sorte que l'on peut presque dire que chez eux la transition de la victoire à la décadence est insensible et presque instantanée. Sur cette pente descendante, la chute des orientaux est rapide ; hommes et femmes se précipitent ensemble dans un abîme de corruption et d'effroyables désordres. L'histoire du sérail n'est qu'une série de trahisons, de révoltes, d'empoisonnements, de strangulations, etc., etc.

J'ai dit que parmi les puissances musulmanes, la Turquie est celle qui a duré le plus longtemps. Cette vitalité surprenante tient à des circonstances qui lui sont étrangères. Il y a deux siècles environ que cette nation parcourt sa période de décadence et descend vers l'abîme sans en avoir encore touché le fond. Ce phénomène s'explique par sa rencontre accidentelle avec d'autres corps politiques qui gravitent dans son orbite et qui la maintiennent en équilibre. Sans cette harmonie providentielle, il y a longtemps que la dynastie ottomane aurait disparu, entraînant avec elle le système religieux et moral auquel elle est associée.

DEUXIÈME PARTIE

L'ESCLAVAGE ET LE HAREM

I

L'ESCLAVAGE

L'esclavage figure à double titre, dans l'Islamisme, comme instrument politique et comme élément social. Politiquement, ce fut un moyen de conquête ; socialement, c'est le corollaire obligé de l'institution des harems.

Lorsque Mahomet édicta ses lois, l'esclavage était partout en pleine vigueur. Le Prophète, en politique habile, vit tout de suite le parti qu'il pourrait en tirer : – les esclaves, se dit-il, sont des êtres malheureux ; si je leur offre de meilleures conditions, ils seront à moi.

Pour bien saisir la portée de cette pensée, il faut se rappeler que la doctrine de Mahomet a dû ses premiers triomphes à son principe démocratique. C'était l'égalité absolue et la fraternité entre les vrais croyants que le Coran prêchait, contrairement aux idées qui avaient cours chez tous les autres peuples ; et ce programme révolutionnaire devait produire d'autant plus d'effet que dans les anciennes sociétés, aussi bien que chez les barbares qui avaient pris leur place, le dogme de la distinction des castes et les privilèges féodaux assujettissaient les nations à l'esclavage.

C'est ce qui explique les progrès rapides de l'Islamisme. Dès son début, les prosélytes vinrent par milliers se rallier à la nouvelle doctrine, et ceux-là même qui n'y adhéraient pas n'y opposaient qu'une molle résistance. Débordés par le courant qui entraînait tout, les vaincus n'avaient d'autre alternative, s'ils voulaient sauver leur vie, que d'embrasser la foi nouvelle ou de tendre les mains à l'esclavage. Si pourtant une population tout entière repoussait la loi du Coran, les vainqueurs lui permettaient de garder ses croyances et ses institutions, moyennant une redevance prélevée sur chaque habitant mâle. Ce tribut rachetait la tête menacée du juif ou du chrétien.

Ceux qui étaient pris les armes à la main, ou dans des incursions, devenaient la propriété de leurs ennemis ; et ceux-ci pouvaient faire d'eux tout ce que bon leur semblait.

Ce sont tous ces esclaves de l'un et de l'autre sexe que le législateur du Coran a fait servir à sa double mission politique et sociale. Dans un temps où la richesse ne consistait guère qu'en immeubles, l'esclave avait une valeur intrinsèque qui devait tenter le conquérant ; et ce puissant appât n'a pas peu contribué à précipiter les masses musulmanes sur l'Asie, sur l'Afrique et sur l'Europe. Comme on ne pouvait emporter ni les maisons ni les champs, on enlevait les hommes et les femmes qui pouvaient être utiles au conquérant, soit pour cultiver ses terres, soit pour l'aider à de nouvelles conquêtes, soit pour peupler ses harems et multiplier sa race.

En sanctionnant l'esclavage, Mahomet établit des règlements propres à transformer cette institution en une pépinière inépuisable de soldats, de travailleurs, de domestiques, etc., qui devaient concourir au progrès et au développement de l'islamisme.

N'oublions pas que ce plan était d'ailleurs en harmonie avec les principes démocratiques et cosmopolites qui sont la base de la loi musulmane. Le peuple musulman, en effet, n'est, comme nous l'avons dit, ni une race ni une nation homogène, mais bien une vaste association de populations de toutes provenances, asiatiques, africaines, européennes, blanches, noires, cuivrées, etc. Le seul lien qui rattache ces groupes humains, c'est la foi en Allah et en Mahomet. Ils n'ont qu'à prononcer la sainte formule : *laillahé illa allah*, pour devenir tous frères et compatriotes. Or les esclaves ne sont pas exclus de cette vaste famille dont l'Islam est la loi, et l'égalité la règle. L'esclave de la veille peut devenir le lendemain, au nom de Mahomet, le frère et le compatriote de son maître. On voit donc que les esclaves n'ont pas dû avoir beaucoup de peine à se réconcilier avec leur sort et à se transformer en bons et fidèles croyants.

Pour faciliter encore plus cette fusion des esclaves dans la masse de ses disciples, Mahomet eut soin de prescrire, comme un devoir impérieux, aux possesseurs d'esclaves, de traiter avec douceur et humanité ceux dont le sort avait été remis par la providence entre leurs mains. « Ces malheureux, ajoute-t-il, doivent être regardés par eux comme leurs propres enfants, et ils en sont responsables devant Dieu. »

Et comme si toutes ces recommandations ne suffisaient pas, le Prophète pousse le scrupule jusqu'à limiter le nombre de coups de bâton qu'un fidèle musulman peut se permettre d'administrer sur la dos ou la plante des pieds d'un esclave.

Tous ces ménagements pour les esclaves ont évidemment un but : le prosélytisme, c'est-à-dire l'absorption des esclaves dans la masse des fidèles. Mais comme cette absorption ne peut s'effectuer d'une manière complète que par l'affranchissement de l'esclave, Mahomet s'est empressé de proclamer qu'une des œuvres les plus méritoires qu'un musulman puisse accomplir, c'est d'émanciper l'esclave qui a fait preuve de fidélité et de dévouement envers son maître.

Par cette déclaration, le Prophète a préparé l'introduction des esclaves au sein de la société musulmane, où ils jouissent des mêmes droits que leurs anciens maîtres. L'émancipation équivaut à une investiture officielle de ces droits, et l'esclave en recevant le *petché* (titre d'affranchissement) devient capable d'aspirer à tous les emplois et à tous les honneurs. Quant à la femme affranchie, elle prend dès lors le titre de dame, *hanum*, et personne ne peut plus s'attribuer de droit sur sa personne, sans avoir accompli les formalités légales du mariage.

Si l'on pénètre bien dans l'esprit de ces institutions, on en reconnaîtra la profonde habileté. Elles font de l'esclavage une sorte de noviciat où se recrutent les forces de l'Islamisme. Sans ce recrutement incessant, les peuples musulmans n'auraient guère pu maintenir leur supériorité numérique : aussi leur décadence semble dater du jour où cette source a commencé à se tarir.

Comme on l'a déjà fait remarquer plus haut, les filles et les femmes esclaves allaient peupler les harems, où les jolies devenaient les épouses ou les odalisques du maître, tandis que les vieilles et les laides étaient employées comme servantes. Quant aux jeunes gens, les personnages d'un rang élevé les attachaient à leur suite militaire ou civile, et les propriétaires de campagne les occupaient à la culture de leurs terres, ou leur confiaient la gestion de leurs biens.

Toujours traités avec humanité, d'après les prescriptions du Coran, les quelques années d'esclavage qu'ils étaient obligés de subir n'étaient pour eux qu'un apprentissage, où leurs capacités trouvaient à se faire jour. L'émancipation venait ensuite leur donner libre carrière et mettre chacun à même d'acquérir richesses, considération, dignités, etc.

L'histoire de l'empire ottoman démontre avec quel succès les peuples musulmans se servirent de l'esclavage dans l'intérêt de leur domination et dans celui-même de leurs esclaves, devenus leurs principaux auxiliaires. Je citerai, comme premier exemple, cet ordre des janissaires dont la bravoure et les exploits ont fait trembler le monde. Leur troupe a été recrutée d'abord parmi les esclaves conquis dans les premières guerres. Parlerons-nous des chefs et des grands dignitaires de l'empire ? Une bonne part de ceux dont les noms sont inscrits dans l'histoire sont sortis des rangs des esclaves émancipés. Quant aux mamelouks, qui ne sait que ces dominateurs de l'Égypte étaient tous des esclaves affranchis qui administraient cette province au nom du sultan ?

Dans les beaux jours de la Turquie, tout marchait bien, tout se passait bien ; du côté des maîtres, on ne trouvait que grandeur et dignité ; du côté des esclaves, qu'enthousiasme et bravoure. Les choses ont pris aujourd'hui une tournure toute différente ; et il en devait être ainsi ; car rien dans ce monde n'est éternel ; rien n'est impérissable.

Jusqu'ici nous n'avons parlé de l'esclavage que comme d'une institution où l'Islamisme retrempait ses forces. Voilà pour le passé. Il est temps d'envisager la question sous un autre point de vue, celui du rôle qu'il joue actuellement dans la société musulmane.

L'esclavage est un rouage indispensable du système social fondé par Mahomet. Sans son action la machine s'arrêterait court et ne pourrait plus fonctionner. C'est en effet le corollaire du harem ; car sans esclaves l'établissement d'un harem serait matériellement impossible. Si les servantes et les femmes de chambre étaient libres, comment ferait-on pour renfermer les maîtresses ? Cette seule question suffit pour faire comprendre ce que c'est que l'esclavage. Le harem étant une institution sacrée qu'aucun bon musulman n'oserait attaquer, et encore moins détruire, l'esclavage qui y correspond doit également être inviolable et respecté. Porter la main sur une de ces arches saintes, c'est en même temps frapper sur l'autre, et si on les renverse toutes les deux, il ne faut plus songer à Mahomet ni à son Coran.

Voilà dans quel terrible dilemme se débat aujourd'hui le monde musulman. La question de l'esclavage est une impasse dont il ne sait comment sortir, et cette difficulté explique assez sa répugnance à souscrire aux conditions que les puissances européennes lui imposent. Le fait est que toutes les autres questions tournent autour de celle-là, et voici comment : du moment que l'esclavage est inséparable du système social musulman, tous ceux qui se rattachent à l'un s'efforcent à tout prix de maintenir l'autre, et font de ce maintien une question de vie et de mort. Ceux au contraire qui veulent abolir ce système anormal, dirigent leurs attaques contre l'esclavage, qui devient ainsi la clef de la situation.

Voilà ce qui explique la résistance obstinée des peuples musulmans à toutes les entreprises qui tendent à la suppression de l'esclavage. Ainsi il n'a pas moins fallu que le prestige de la puissante Angleterre joint aux gros canons de sa flotte pour faire capituler ce petit potentat qu'on appelle le sultan de Zanzibar. Ce sultan avait bien envie de dire à l'envoyé anglais : – Quand Dieu et son prophète m'autorisent à avoir des esclaves, c'est toi que j'écouterais, chien de giaour ! – Mais il se tut par prudence. Seulement, au lieu d'obéir à l'ultimatum britannique, et de consentir à l'abolition complète de l'esclavage, il trouva moyen de maintenir chez lui cet esclavage domestique sur lequel repose la société musulmane.

L'épisode de Zanzibar se reproduit identiquement toutes les fois que les influences européennes et les intérêts musulmans viennent à se heurter sur cette question capitale. L'Europe se borne à interdire en principe le trafic des esclaves et ferme les yeux sur le reste, en se faisant payer chèrement sa tolérance. Quant aux musulmans, ils sont trop heureux que les giaours leur laissent faire leur petit commerce, clandestinement, en famille.

Après avoir donné au lecteur une idée générale de ce qu'est l'esclavage en Turquie, nous entrerons dans quelques détails pour démontrer comment ce système fonctionnait autrefois, et comment il se comporte actuellement.

II

L'ANCIEN TEMPS

Dans le bon vieux temps, la manière de se procurer des esclaves était toute simple : les troupes musulmanes battaient les plaines de la Géorgie, de la Hongrie, ravageaient les provinces slaves et autrichiennes et s'emparaient de tous les jeunes gens des deux sexes qui se trouvaient sur leur passage. Les déprédateurs faisaient ensuite le triage de leur butin, gardaient pour eux les prisonniers qui pouvaient leur convenir et mettaient les autres aux enchères. À la suite des armées, venait une nuée de marchands (*iessirdjis*) qui avaient des agents et des bureaux de correspondance dans les principales villes de l'empire. Dès qu'ils avaient fait leurs achats, ils formaient des caravanes d'esclaves et les dirigeaient à petites journées sur le lieu de leur destination ; supposons, par exemple, Constantinople.

Arrivé à Constantinople, le marchand se rendait tout droit au marché des esclaves, et là il s'installait dans un khan ou baraque avec sa marchandise. À l'heure de l'encan, les clients faisaient irruption dans l'enceinte, et chacun se mettait à examiner les divers échantillons, filles ou garçons qui lui semblaient à sa convenance. À ce propos je me souviens d'avoir vu quelque part, à

Londres ou à Paris, une gravure gui représentait le bazar aux esclaves ; l'artiste, pour donner un cachet plus piquant à son travail, y avait introduit une beauté en costume qui faisait l'admiration d'un nombreux cercle d'amateurs. Un pareil spectacle, je puis le dire, n'a jamais eu lieu que dans l'imagination du graveur : il est tout à fait inconnu à Constantinople, où les musulmans ont toujours respecté, en apparence du moins, le sentiment de la décence. Le commerce des esclaves étant légitime, on allait sans scrupule en acheter au bazar, comme on marchandait du tabac ou du café.

Indépendamment de ces bazars publics où les ventes à l'encan avaient lieu, des achats par commandes s'opéraient aussi sur une grande échelle ; les grands personnages faisaient venir chez eux la denrée humaine, la gardaient, l'échangeaient ou la renvoyaient, suivant leurs convenances ou leurs caprices ; et naturellement les marchands étaient obligés de se plier à ces fantaisies aristocratiques, comme il arrive en Europe aux bijoutiers et aux marchands de nouveautés qui ont l'honneur de servir les favoris du luxe et de la mode.

Il y a à peine une vingtaine d'années que le bazar aux esclaves a été fermé. Comme je ne pouvais guère, en remontant au delà, acquérir sur ce genre de commerce une expérience personnelle, je me bornerai à rapporter ce que j'en ai appris des hommes de cette période.

Parmi ceux-ci était un certain Hadji-Abdullah, marchand d'esclaves du vieux régime, c'est-à-dire, homme spécial en pareille matière. Abdullah venait souvent dans ma famille, où sa profession lui assurait un accès libre et un accueil empressé, car la plupart des esclaves de notre harem avaient été achetées et revendues par lui. C'était un vieux Maure du Maroc, qui était venu exercer son industrie à Constantinople, espèce de colosse noir, au nez aplati, au regard farouche, avec une petite barbe grisonnante. Pour juger de la force de cet Hercule africain, il ne fallait que jeter un coup d'œil sur sa nuque, ses mains et ses pieds. On eût dit un géant de bronze. Quand Hadji-Abdullah sortait de chez lui pour aller voir ses clients, il portait un long et gros bâton qui lui donnait des allures encore plus menaçantes et féroces ; quand il restait accroupi sur son divan, il avait toujours à sa portée une riche collection de cravaches et de nerfs d'éléphants, grâce auxquels il semait l'épouvante au milieu de ses esclaves.

Malgré son aspect terrible, Abdullah était quelquefois abordable et d'humeur facile, surtout avec ses clients. Profitant donc de ces instants de bonhomie, nous faisions cercle autour du vieux scélérat, et nous nous plaisions à lui faire raconter ses aventures qui remontaient jusqu'au milieu du siècle dernier. La première datait du jour où, à peine âgé de seize à dix-sept ans, il s'était évadé des domaines du sultan de Maroc, pour chercher fortune à Constantinople. Ses premiers exploits comme marchand ne furent rien moins que du brigandage pur et simple ; n'ayant point de capital pour commencer les affaires, il s'était mis à rôder dans les provinces géorgiennes limitrophes de la frontière, et là il s'empara par force de quelques belles esclaves. La vente de ces esclaves, à des conditions lucratives, lui fournit bientôt les moyens de s'établir commerçant patenté, e ce mot n'est pas une plaisanterie, car à cette époque, les marchands d'esclaves étaient investis du titre de commerçants de première classe (ou *guilde*) titre dont l'importance était proportionnée à leur crédit et à leur réputation. Il y avait plusieurs de ces marchands qui avaient gagné des millions avec les masses de créatures humaines qui passaient sans cesse par leurs mains.

En sa qualité de commerçant de première classe, Abdullah-Agha (car il avait ajouté un titre à son nom) avait entrepris des expéditions dans les principales villes de la Turquie d'Europe, telles que Andrinople, Choumla, Phélibé, où il se présentait aux grands seigneurs et aux riches du pays avec son troupeau d'esclaves de toutes les couleurs, blanche, noire et cuivrée, et de tous, les sexes, masculin, féminin et neutre.

Un jour qu'il se rendait de Phélibé à Nich, il fut arrêté par des brigands qui, après lui avoir lié les mains, firent l'inspection de sa pacotille et en choisirent les plus beaux échantillons. À cette violence le malheureux marchand n'avait à opposer qu'une rage impuissante, et pour se délivrer des ravisseurs il fut contraint d'ajouter une forte rançon au sacrifice de sa marchandise. Mais Abdullah n'était pas homme à perdre aussi sa revanche ; une fois arrivé à Nich, il obtint du gouverneur une petite troupe avec laquelle il se mit la poursuite des malfaiteurs ; et deux joins après, revenu devant le pacha, il fit rouler à ses pieds deux de leurs têtes, qu'il s'était donné le plaisir de couper lui-même : « *À brigand, brigand et demi.* »

À Constantinople, Abdullah figurait parmi les gros bonnets du marché aux esclaves ; son dépôt était toujours bien approvisionné, et son magasin accrédité comme maison de confiance. Ceux qui trafiquaient avec lui pouvaient se dispenser de recourir à des experts pour vérifier la qualité de la marchandise.

Mais ce qui avait surtout contribué à augmenter sa réputation, c'était l'art tout spécial qu'il possédait de dompter les récalcitrants. Lorsque dans un harem on ne savait comment s'y prendre avec une esclave rebelle, on la livrait à ce maure bourreau, qui se chargeait de la mettre à la raison. Dans les cas ordinaires d'insubordination, Hadji-Abdullah se contentait de soumettre le sujet à des châtiments corporels qu'il lui administrait sur place : pour les cas exceptionnels et graves, le traitement s'opérait chez lui, où le vieux coquin avait sous la main toutes les ressources imaginables, cachots, souterrains, engins de torture, etc.

Les femmes remises entre ses mains, et qui savaient bien quel tigre c'était, faisaient parfois allusion à ses anciens exploits ; elles disaient, par exemple, en secouant la tête : ah quel monstre ! il a enterré bien des gens, et il voudrait m'enterrer, moi aussi !

Ces mots et l'expression de physionomie qui les accompagnait suffisaient pour faire comprendre quelles énormités ce marchand de chair humaine avait dû commettre durant sa longue carrière.

Abdullah avait près de cent ans lorsque je le connus ; à cette époque, en 1858, il n'exerçait plus son métier que pour ses anciens clients, car les beaux jours du marché aux esclaves étaient passés à jamais.

Quelquefois ce vieux loup était assez amusant quand il se mettait à raconter des anecdotes qui dataient de trois quarts de siècle, par exemple, au sujet de son premier mariage. Il n'avait alors que vingt ans ; sa première épouse était la fille d'un ancien janissaire, brave et riche négociant qui, voulant fêter cette noce d'une manière somptueuse, se livra à toutes sortes d'extravagances. Ses portes étaient ouvertes à deux battants pour donner accès à la foule des invités ; de tous côtés des tables étaient dressées, où les convives pouvaient se régaler à souhait, au son des tambourins et des guitares et au milieu des danses les plus animées. Et cependant, s'il faut en croire Abdullah, cette joyeuse bacchanale ne coûta à son beau-père que la modique somme de vingt-sept piastres (six francs d'aujourd'hui en monnaie franque), tant les vivres et le luxe même étaient à bon marché à cette époque !

Quant à ses autres mariages, Abdullah n'avait pas grand-chose à en dire, et cela pour une bonne raison : c'est qu'il avait épousé tant de femmes dans sa vie, qu'il ne se souvenait plus ni comment ni quand il les avait prises.

La race des marchands d'esclaves à la façon d'Hadji-Abdullah n'est nullement éteinte de nos jours. Ces gens-là sont habitués à regarder les êtres qui tombent entre leurs mains comme des articles de commerce et de spéculation. Force ou ruse, tout leur est bon pour vaincre la résistance d'une esclave et la mettre en vente malgré elle. Ainsi un marchand de ce genre ne se fera aucun scrupule d'administrer de l'opium à une malheureuse pour l'amener ensuite tout endormie sur le marché. Si ce moyen ne réussit pas, ils ont recours à l'emprisonnement, au jeune, aux menaces, aux verges, etc. C'est du plus ou moins d'habileté déployé en pareil cas par le marchand d'esclaves que dépendent son crédit et sa réputation.

Ces horreurs, dont le seul récit fait frémir, condamnent hautement le système qui les tolère et les sanctionne.

Dans l'ancien temps, las esclaves étaient bien plus nombreux qu'ils ne le sont aujourd'hui. Alors chacun, riche ou pauvre, avait plus ou moins d'esclaves, suivant ses moyens. Le pacha en possédait une douzaine, et le pauvre employé un seulement. Naturellement, ce que je dis ne s'applique qu'aux esclaves du dehors, c'est-à-dire aux domestiques.

Dans les grandes maisons, il y avait deux catégories de domestiques : les internes ou esclaves proprement dits, et les étrangers ; les premiers étaient en quelque sorte privilégiés, en ce qu'ils appartenaient exclusivement au maître. On les considérait comme gens de la maison. Les autres n'étaient en quelque sorte que des auxiliaires.

La différence marquée entre l'esclavage des anciens temps et celui de nos jours, c'est qu'autrefois cette institution s'étendait à toutes les classes et à toutes les positions sociales, tandis qu'aujourd'hui elle se limite à la domesticité et aux harems. C'est pourquoi on lui a donné le nom d'esclavage domestique, en opposition à l'esclavage agricole, ou commercial, comme celui que la guerre civile vient de supprimer aux États-Unis.

Un usage très accrédité anciennement et qui est maintenant tombé en désuétude, c'est celui de se faire mutuellement des présents d'esclaves. Ainsi les grands regardaient comme de leur devoir d'envoyer au palais impérial des esclaves des deux sexes ; de même, si quelqu'un de leurs amis ou collègues était promu à une dignité quelconque, l'étiquette voulait qu'ils se hâtassent de lui adresser en cadeau une ou deux jolies esclaves. Mais c'était surtout lorsqu'un grand vizir ou un Reis-Effendi arrivait au pouvoir qu'on voyait pleuvoir chez lui les jeunes filles, les petits esclaves et les eunuques, accompagnés de lettres de félicitations, avec prière des expéditeurs d'accepter ces offrandes comme des marques de leur attachement et de leur dévouement. Les filles étaient envoyées directement au harem, pour être présentées au nouveau vizir le soir même à son petit coucher. Cette présentation officielle était réglée ainsi : on plaçait les jeunes filles sur une seule ligne dans la grande salle, après avoir eu soin de les habiller et de les parer de façon à faire ressortir tous leurs charmes, et lorsque Sa Hautesse faisait son entrée, elle passait en revue, l'une après l'autre, toutes ces beautés dont on lui indiquait l'origine avec les noms de ceux qui les avaient envoyées en cadeaux. Le pacha les regardait la plupart du temps d'un œil indifférent, en recommandant qu'on eût soin d'elles et qu'on leur distribuât une gratification (*bakh-chich*). Ce n'était que plus tard que le pacha faisait connaître sur laquelle de ces esclaves son choix s'était arrêté. Sa Hautesse, on le conçoit, avait besoin de réfléchir un peu avant de se décider.

Je citerai à ce propos une anecdote qui avait cours à Constantinople : Il y avait un vieil effendi de soixante-dix ans bien sonnés qui venait d'être élevé à la dignité de *Cheik-ul-Islam*, ce qui veut dire juge suprême de l'Islamisme. On comprend que tout le monde s'empressa de le féliciter et de lui envoyer en même temps de jolies esclaves. Aussi le soir, en rentrant dans son harem, le vieux cheik trouva-t-il une belle rangée de jeunes filles alignées tout le long de la salle. Il s'approcha tout doucement de la première, la regarda attentivement et lui donna un tout petit baiser sur le front. Après les avoir accueillies toutes avec la même courtoisie, Sa Grâce se retourna vers ces dames et leur dit d'un air tant soit peu goguenard : « Bonsoir, mes dames ; quand Allah envoie des beautés si charmantes à un homme de soixante-dix ans, voilà le plus digne hommage qu'il lui soit permis de leur rendre. » Et dès le lendemain il partagea ces trésors entre ceux de ses amis dont les harems avaient des places vacantes.

Aujourd'hui ces cadeaux en nature, ces obligeantes gracieusetés ne sont plus de mode, non pas que les amateurs manquent : mais les moyens font défaut ; car les belles esclaves sont trop rares, et trop chères pour que leurs possesseurs les prodiguent à droite et à gauche. C'est à peine si le sultan et la famille impériale peuvent se permettre de temps à temps à autre ce luxe de générosité [5].

III

L'ESCLAVAGE MODERNE

La période moderne de l'esclavage en Turquie commence avec l'ère de décadence, c'est-à-dire, à l'époque où les Ottomans, cessant d'envahir leurs voisins, n'eurent plus la facilité de se procurer des esclaves en masse. Leurs guerres d'invasion et de conquêtes une fois terminées, les seuls pays qui continuèrent à leur fournir des contingents d'esclaves furent, pour les blancs, la Géorgie et la Circassie, et pour les noirs, l'Afrique.

De ces pays, les deux derniers seulement, la Circassie et l'Afrique ont été exploités jusqu'à ce jour. Quant à la Géorgie, elle a cessé de fournir des esclaves dès le commencement de ce siècle, grâce à l'occupation russe et aux conquêtes de Paskievitch. Il est vrai que les maraudeurs des frontières, tels que les montagnards musulmans de l'Adjara et de Tchuruk-Sou, ont continué jusqu'à ces derniers temps d'enlever des filles et des garçons géorgiens en s'introduisant furtivement dans les villages de la frontière ; mais quelques heureux coups de main de ce genre ne suffisaient pas pour alimenter le grand marché de Constantinople. Aussi le véritable entrepôt des esclaves de prix était-il la Circassie, qui jusqu'à l'année 1864 n'a cessé d'envoyer ses trésors dans les harems de Constantinople. Les Circassiens trouvaient plus facile de gagner de l'argent en se vendant les uns les autres qu'en travaillant à la terre, tandis qu'à Constantinople on était forcé d'entretenir les harems au moyen de l'esclavage domestique, sans trop se préoccuper de la provenance et de la qualité de la denrée.

IV

L'ESCLAVAGE ILLÉGAL

En disant qu'à Constantinople on ne se préoccupait guère de la provenance et de la qualité des esclaves, j'avais en vue l'illégalité de certains trafics d'esclaves, non pas au point de vue humanitaire où tous ces marchés sont illégitimes et odieux, mais au point de vue particulier des Ottomans.

Je commence par déclarer que la traite, telle qu'elle est pratiquée entre la Turquie et la Circassie, est une violation flagrante de la loi de Mahomet.

En effet, la loi du *chéri* ne reconnaît, comme propriétés légitimes, que les esclaves *non-musulmans* qui tombent au pouvoir des fidèles, pendant le cours des hostilités. Lorsque des esclaves sont devenus ainsi la propriété d'un croyant, celui-ci peut valablement les transmettre à un tiers qui succède à ses justes droits.

Mais tout le monde sait que les Circassiens professent la foi musulmane, et que ce pays n'a jamais été en guerre avec les Turcs ; comment se fait-il alors que ceux-ci achètent des esclaves circassiens qui, suivant la loi, ne sont ni à acheter ni à vendre ?

Devant cette question, le Cheik-ul-islam lui-même se trouverait embarrassé ; il aurait beau se mordre les lèvres et, tortiller sa barbe, pourrait-il démentir les déclarations du Prophète ? pourrait-il affirmer que les Circassiens ne sont pas musulmans ?

Que ferait-il donc ? Il ferait ce que font tous les bons musulmans qui ont des esclaves circassiennes ; il aurait recours aux échappatoires et aux subtilités, seul moyen d'apaiser sa conscience ; il dirait que lorsqu'on lui amène une esclave, il n'a pas à s'informer qui elle est, ni d'où elle vient ; c'est l'affaire du marchand, ce n'est pas la sienne. Dès que le vendeur lui a présenté l'esclave, il l'achète comme telle, en s'écriant : « *Guiuna boïonouna !* » (Que le péché retombe sur eux.) Décidément le bon père Loyola et ses disciples n'ont jamais poussé plus loin les faux-fuyants de la casuistique.

La fin justifie les moyens, disent les jésuites ; les mêmes principes ont cours sur le Bosphore. « Il nous faut maintenir les harems, et pour cela tous les moyens sont bons. Aussi, toutes les fois qu'on peut se procurer une esclave, on se garde bien de la laisser échapper, et on l'enferme bien vite dans le harem, sans s'inquiéter si elle est circassienne, géorgienne ou kurde.

À propos de Kurdes, voilà encore des musulmans auxquels on ne craint pas de demander des esclaves. On a recours à leur égard à une autre espèce de subterfuge, ou pour mieux dire, de fraude pieuse, afin de légaliser leur acquisition. Il y a en effet un autre proverbe qui dit : « Donnez-lui un mauvais nom et pendez-le ensuite. »

« Qui veut noyer son chien l'accuse de la rage. »

C'est précisément ce procédé que l'on applique aux malheureux Kurdes.

Quand on veut attaquer une de leurs tribus indépendantes, on commence par les flétrir du surnom de *yezids* (adorateurs du diable), ou de *kizil-bach* (incestueux), puis on met la main sur leurs filles et leurs garçons, on réduit les prisonniers à l'état d'esclaves et on les amène à Constantinople ou ailleurs.

La première femme de X***-Pacha avait été capturée par lui dans le Kurdistan. X*** ne lui rendit la liberté qu'après qu'elle lui eut donné une fille, aujourd'hui l'héritière de sa fortune. Je n'avance aucun fait, comme on le voit, sans avoir des preuves à l'appui.

Cette fraude pieuse dont les Turcs se rendent coupables m'amène à parler d'une autre fraude analogue et dont l'importance est grande, puisqu'elle a motivé l'expédition de Khiva. Les Khiviens, qui sont sunnites, s'étaient aussi permis d'interpréter le Coran à leur manière, afin de se donner une certaine liberté dans leurs razzias et de se procurer un plus riche butin. Les voisins exposés à leurs invasions étaient les Russes et les Persans. Pour les Russes il n'était pas besoin d'avoir recours à des subterfuges, puisque la qualité de giaour était suffisante pour que toute cette population fût de bonne prise. Mais pour les Persans, le cas était différent : les Persans sont musulmans et comme tels ils ne peuvent être réduits en esclavage. Les Khiviens cependant envisagèrent les choses sous un autre point de vue. Les Persans à la vérité sont musulmans, se dirent-ils ; mais ce ne sont pas de bons musulmans, car ils ne sont pas sunnites. Voilà qui a justifié la captivité des Persans aux yeux des envahisseurs ; mais voilà aussi ce qui a mis le général Kauffman dans la nécessité de délivrer les esclaves retenus contre toute justice par les vrais croyants de Khiva.

Mais revenons en Turquie, où nous avons encore bien des abus à signaler.

La chute de la Circassie en 1864 est une date mémorable dans les fastes de l'esclavage. Cette contrée, si fertile en beautés féminines, cessa dès lors d'être la pépinière où s'approvisionnaient les harems de Constantinople. En rendant le dernier soupir, elle légua à la Turquie tout ce qui lui restait de ses richesses nationales, c'est-à-dire une nuée de malheureuses, réduites à l'extrémité par la faim et les souffrances. Ces pauvres créatures à demi-mortes se réfugièrent sur le littoral turc, où les marchands les guettaient pour s'emparer d'elles, de même que les chasseurs épient le passage des cailles qui, après une longue traversée, tombent exténuées sur la plage. Parmi ces marchands de profession se trouvaient une multitude d'agents envoyés secrètement par les grands personnages de Constantinople, pour se procurer à bon compte les plus belles esclaves de la contrée. Les Circassiens et les Nogaïs étant aux abois, c'était, disait-on, le cas d'en profiter ; jamais occasion pareille ne se représenterait à l'avenir : donc depuis le gouvernement jusqu'au plus simple particulier, chacun se hâta d'aller aux provisions, et de rapporter le plus de denrées possible. On en ramassa tant et tant que la génération actuelle et celle qui suivra sont pourvus d'une abondante réserve ; et ses précautions prudentes devraient suffire pour rassurer sur l'avenir les propriétaires de harems ; eh bien non ; à peine les contingents de l'émigration circassienne étaient-ils installés sur le territoire ottoman que de nouvelles mesures étaient prises pour continuer sur le même pied les spéculations qu'on avait faites autrefois sur ces malheureuses lorsqu'elles étaient de l'autre côté de la mer Noire.

À cet effet, les émigrés circassiens furent parqués dans des districts particuliers où ils vécurent de la même manière et gardèrent les mêmes mœurs que dans leur ancienne patrie. L'esclavage fait partie de ces mœurs, et ils en ont conservé l'usage, en dépit des interdictions officielles et des protestations simulées des autorités. Les émigrés, vendeurs de leurs compatriotes, savent bien à quoi s'en tenir à ce sujet ; ils n'ignorent pas que ceux qui protestent le plus haut sont ceux qui ont le plus besoin de la marchandise prohibée.

En descendant le Danube, je m'arrêtai un jour à Nicopolis ; c'était au mois de juin 1868. Le directeur de la quarantaine ayant appris que j'étais lié avec Chakir-Bey, fils d'Afif-Bey, ex-ministre de la justice, me conta le message que voici :

« Dites, je vous prie, au Bey que j'ai trouvé pour lui une bonne affaire ; c'est justement ce qu'il lui faut. Si je ne lui ai pas encore expédié la personne, c'est que j'attends une occasion pour la lui faire parvenir. »

J'avoue que ce message n'est pas arrivé à sa destination. Une fois à Constantinople, j'avais bien autre chose à faire que de m'occuper de Chakir-Bey et de son esclave. Mais cet incident est une preuve incontestable à l'appui de ce que j'ai dit de la traite clandestine qui se fait journellement entre les grands de Constantinople et les émigrés. Nicopolis, on le sait, est tout près des établissements circassiens et tartares qui se trouvent dans la Bulgarie.

Faut-il encore un exemple ? En voici un :

Quand j'étais à Constantinople, on me raconta que dans une tribu circassienne, établie près de Panderma, au pied de l'Olympe, il y avait une fille d'une rare beauté que son père avait amenée plusieurs fois à Constantinople pour la vendre. La somme que ce malheureux demandait était si forte que les amateurs avaient été obligés de se retirer sans rien conclure.

Il résulte des faits qui précèdent que l'expulsion des Circassiens du Caucase est loin d'avoir mis fin au trafic des esclaves. Le seul effet que cet évènement ait produit, sous le rapport de l'esclavage, c'est d'en déplacer le foyer et de le reporter vers le midi. Aussi les consommateurs n'ont-ils plus besoin de traverser l'Euxin pour se procurer ce qu'il leur faut ; ils n'ont plus qu'à faire une petite tournée dans le golfe de Nicomédie ou sur le Danube, pour être à portée de la production.

V

LES ENFANTS ILLÉGITIMES

Nous voilà maintenant en face d'une question des plus graves : celle de savoir si les enfants issus d'une union contractée avec une esclave illégitime doivent être réputés comme illégitimes eux-mêmes. D'après ce que j'ai dit plus haut sur l'illégalité de l'esclavage des sujets musulmans, il est clair que leur progéniture doit, suivant le Coran, être déclarée illégitime. En effet, puisqu'une femme née libre et de famille musulmane ne peut en aucune façon être esclave, celui qui se l'approprie ne fait ni plus ni moins que prendre une concubine, une maîtresse, situation que la loi musulmane ne reconnaît pas. En d'autres termes, il se rend coupable du crime que la loi flétrit du nom de *zinah*, et ses enfants ne sont dès lors que des *vélédi-zinah*, ou des bâtards.

Si l'on considère que dans les hautes classes, à Constantinople, au Caire, ou même à la Mecque, la plupart des ménages sont établis sur la base du *zinah*, l'on comprendra jusqu'où cette complication nous mène. Je me contenterai de dire à ce sujet que si l'on exigeait des grands personnages musulmans, même de ceux qui habitent les sérails, des pièces justificatives de leur origine, il y en a bien peu qui seraient en état de constater leur légitimité.

Et cependant l'usage, ou pour mieux dire la nécessité, l'emporte sur les prescriptions de la loi ; si bien que personne ne se préoccupe aujourd'hui de son origine ni de celle d'autrui. Il n'y a guère que les musulmans sévères et les légistes qui osent dire, même tout bas, ce qu'ils pensent des mœurs de leur époque.

VI

NÉCESSITÉ DE L'ESCLAVAGE

Tout ce que je viens de dire sur l'esclavage et sur les abus qu'il engendre pourra sembler étrange à quelques-uns de mes lecteurs. Ceux en effet qui regardent les Turcs comme un peuple éminemment religieux et même fanatique seront disposés à révoquer en doute des assertions qui contredisent cette idée, et montreront beaucoup de répugnance à les adopter.

Il faut pourtant raisonner en hommes pratiques et se rendre compte des difficultés matérielles et des mille obstacles qui obligent parfois un peuple à suspendre ses lois et à renier ses coutumes. Depuis ces derniers temps, les Ottomans se sont trouvés souvent dans la pénible nécessité d'abandonner comme mortes leurs traditions les plus sacrées ; et il en est advenu ainsi toutes les fois que la raison d'État et l'instinct de conservation les ont contraints à dévier de la légalité, en recourant à des pratiques que leur conscience doit condamner. L'emploi des esclaves illégitimes est une de ces pratiques que les exigences sociales et politiques leur imposent. Comme j'ai déjà eu l'occasion de le remarquer, le harem étant la base du système social des musulmans, on ne peut toucher à cette institution sans faire crouler tout l'édifice ; et comme l'esclavage est une annexe indispensable du harem, il faut aussi le laisser debout ; car on ne saurait détruire l'un sans l'autre.

La raison que j'en ai déjà donnée, c'est que sans l'esclavage, il serait fort difficile de maintenir les femmes dans un état d'isolement et de réclusion absolu. Une autre raison qui confirme la première, c'est qu'il serait absolument impossible d'entretenir un ménage et d'en assurer le service autrement que par le concours des esclaves. Cette assertion demande quelques développements.

On connaît déjà les prescriptions du Coran, et notamment la loi du *setr-avret*, qui obligent les femmes à porter un voile, et à cacher toute leur figure aux hommes, excepté les yeux. Cette règle est universelle et impérative ; elle n'établit aucune distinction entre les riches et les pauvres. Toute femme musulmane qui tient à être honnête, ou à passer pour telle, doit absolument s'y astreindre et se transformer en une espèce de fantôme enveloppé dans une épaisse étoffe blanche.

Venons-en maintenant aux conséquences pratiques d'une telle loi, telles qu'elles se présentent dans les détails du service journalier d'une maison quelconque, et supposons le cas, par exemple, où un musulman, ne pouvant se procurer des esclaves pour ce service, irait à la recherche de quelque servante libre à qui il offrirait un salaire. D'abord ses recherches seraient longues et pénibles ; il pourrait courir toute la ville et même les faubourgs sans trouver une musulmane, fille ou femme, qui voulût quitter son domicile pour aller servir ailleurs. D'ailleurs, parmi celles qui désirent gagner leur vie, il n'en rencontrerait pas une sur mille qui consentît à se mettre en contact avec un étranger. Or, pour une musulmane, tout individu qui n'est pas un proche parent est un étranger.

Mais admettons, pour un instant, que le musulman, en quête d'une servante, réussisse à trouver ce qu'il lui faut et qu'il s'en retourne au logis avec une ou plusieurs personnes ainsi engagées, les difficultés ne seront pas moins grandes. En effet, une fois chez lui, si l'envie lui prend de se faire apporter du feu, de l'eau, ou toute autre chose, la servante ne se présentera devant lui que voilée de la tête aux pieds et soigneusement entortillée. Toutes les fois qu'en traversant les différentes pièces de son harem, il la rencontrera sur son chemin, il aura affaire à un fantôme qui se hâtera de se cacher en lui tournant respectueusement le dos.

Si, au lieu d'une seule servante pudique et réservée, le maître s'avisait d'en prendre une dizaine, son ménage, où l'on ne verrait que des figures qui se voilent et des femmes qui se sauvent, et où tout le monde semblerait jouer à cache-cache, aurait bientôt l'apparence d'une maison de fous.

Pour éviter toutes ces fausses rencontres le maître de la maison n'a qu'un parti à prendre, c'est de donner l'alerte toutes les fois qu'il se présente, en criant de sa plus grosse voix ! « *Desdour !* : Garde à vous ! »

En entendant ce cri, les femmes s'enfuiraient à toutes jambes, et l'effendi pourrait faire tranquillement son entrée. Dans le cas contraire, et s'il négligeait cette précaution, pas une femme ne resterait à son service. Toutes s'en iraient en disant qu'elles ne veulent pas d'une maison où l'on ne peut ni s'échapper ni se cacher.

Avec des esclaves, toutes ces précautions sont superflues ; car les esclaves étant la propriété du maître, celui-ci peut les voir quand il lui plaît, et comme il lui plaît.

Ce que je viens de dire n'a rapport qu'aux embarras et aux ennuis du maître. Que dirai-je maintenant des servantes elles-mêmes ? Le service d'une maison est partout pénible et fatigant ; mais combien il le devient encore plus quand une pauvre femme est obligée d'être sans cesse sur le qui-vive, de peur que l'œil indiscret d'un homme ne vienne à la surprendre. Parlerai-je aussi d'un danger plus sérieux qui menace les servantes voilées, celui d'être brûlées vives ? Qu'on ne m'accuse pas d'exagération. Voici ce qui se passa dans notre propre maison : il nous arriva une fois d'engager une jeune fille du quartier, nommée Tenzilé, pour aider au service du harem. Fidèle aux préceptes du Coran et aux usages, Tenzilé restait constamment voilée, et toutes les fois qu'on la rencontrait, on entrevoyait seulement une forme féminine, à la taille élancée, au pied furtif, qui passait devant vous comme un éclair. Voilà qu'un soir des cris terribles jettent l'alarme dans le harem. On accourt, et que voit-on ? La pauvre Tenzilé entourée de flammes ! La cause de cet accident était une bougie allumée qu'elle tenait à la main ; le feu avait pris à son voile et à ses cheveux. Heureusement je fus un des premiers à lui porter secours ; sans quoi la malheureuse jeune fille aurait été victime de ses scrupules et de son devoir.

Après que Tenzilé l'eut ainsi échappé belle au prix de quelques brûlures sans gravité, nous nous hâtâmes de la congédier, non seulement dans la crainte que pareil accident ne se renouvelât, mais aussi parce que ce genre de service nous causait beaucoup de gêne et de fatigue.

Il demeure donc prouvé qu'une domesticité composée de femmes musulmanes est d'un usage impossible en Turquie. C'est un malheur pour les gens pauvres du pays ; cette exclusion les prive d'une source importante de travail. C'est ainsi que, pour maintenir les harems dans leur orthodoxie primitive, on achète et on nourrit une foule d'étrangères, tandis qu'on refuse du pain à de malheureuses compatriotes. Voilà un des beaux résultats du système social dont les musulmans ont à s'applaudir !

Reste la question des servantes chrétiennes qui pourraient, a-t-on dit, remplacer au besoin et les esclaves et les femmes musulmanes. La raison qui s'oppose à ce que des servantes ou des femmes de chambre chrétiennes soient employées dans les harems tient à des considérations plus politiques encore que sociales. Les musulmans, en effet, ne sauraient introduire dans leur intérieur un élément qui leur est profondément hostile, sans souscrire en quelque sorte à leur propre déchéance. L'admission d'un nombreux contingent de femmes grecques, arméniennes et européennes au sein des harems aurait pour première conséquence l'émancipation des femmes en général et la suppression des vieilles coutumes musulmanes ; on verrait la prochaine génération des Osmanlis subir les effets de cette influence envahissante, et leur fusion avec les races voisines serait bientôt un fait accompli. Voilà pourquoi les Turcs ne se soucient guère d'avoir des chrétiennes à leur service ; si les pachas en admettent parfois une ou deux dans leurs vastes harems, c'est uniquement pour faire montre, aux yeux des étrangers, de leur tolérance et de leur prétendue civilisation. Mais dans l'intimité le service est toujours fait par des esclaves.

En somme, je crois avoir établi d'une façon incontestable que l'esclavage est la pierre angulaire du système social et politique de l'Islamisme, et que, pour la Turquie en particulier, cette institution est une sorte de talisman qui soutient encore l'édifice et semble conjurer les dangers de l'avenir. Tant qu'il y aura des esclaves, la société turque pourra se maintenir ; mais l'esclavage une fois disparu, la Turquie musulmane devra aussi disparaître.

VII

VENTE DES ESCLAVES

Après avoir défini l'esclavage domestique, après en avoir fait ressortir l'importance au point de vue musulman, il convient d'entrer dans les détails de la vente des esclaves, telle qu'elle se pratique aujourd'hui.

Lorsque, il y a vingt ans, le bazar aux esclaves a été fermé, cette mesure devait avoir pour effet d'abolir la traite ; au lieu de cela, elle n'a fait que la décentraliser et la disperser sur divers points de Constantinople et de l'empire. Les trafiquants expulsés du bazar firent venir la marchandise chez eux, et de là, ils continuèrent à satisfaire aux demandes de leur clientèle.

Comme il n'est guère possible cependant d'entreprendre des affaires sur une grande échelle sans avoir des points fixes de réunion, les marchands d'esclaves crurent nécessaire d'ouvrir plusieurs cafés ou *khans*, où tout le monde venait faire ses emplettes. Quelques-uns de ces cafés furent établis en face de la mosquée de Suleimanie, tandis que divers entrepôts d'esclaves étaient distribués dans les quartiers de Sultan-Méhémet, Scutari, Tophané, etc. Ce dernier magasin ne possédait que des circassiennes, la fleur du marché ; mais depuis six ans environ, cette collection d'élite a été transférée au centre de Constantinople, loin du quartier européen. Évidemment on a reconnu qu'il n'était ni politique ni sage de continuer à étaler ce commerce sous les yeux mêmes des représentants de la civilisation. On a donc plié bagage, pour aller s'installer ailleurs.

Les *khans* et les dépôts de ce genre sont fréquentés à heure fixe par les acheteurs et les vendeurs, qui se réunissent là, comme dans des Bourses officielles, pour inspecter les échantillons et conclure les marchés. Tout le monde y est à son aise ; on fume, on prend son café, et l'on traite les affaires tout tranquillement. Ce qu'il y a de curieux, c'est de voir ces groupes de pauvres filles qui vous suivent obstinément du regard comme pour vous dire : « Achetez-moi, pour l'amour de Dieu ! »

Votre choix fait, vous comptez l'argent. Puis vous prenez votre lot, qui vous suit docilement jusque chez vous.

Tel est le tableau des ventes publiques. Nous occuperons-nous maintenant des ventes privées ? Ce sont tout simplement des opérations de seconde main, où le détaillant remet en vente, après les avoir polies et raffinées, les denrées achetées en bloc au marché. Ce genre de commerce n'est pas à la portée de tout le monde ; généralement ce n'est pas le fait des marchands patentés ou de profession. Les personnes qui s'y adonnent sont le plus souvent des dames, et principalement celles de la haute société, telles que les femmes des pachas et des ministres. Pour cela, elles sa procurent des petites filles à bon compte en raison de leur jeune âge, pour les revendre plus tard à un prix bien supérieur à ce qu'elles ont payé.

Ce genre de spéculation est généralement admis et il n'y a guère de femmes riches qui ne se plaisent à l'entreprendre. Les profits en sont si considérables et la peine qu'on se donne est si peu de chose, que la tentation de s'y lancer est bien forte. Ainsi, une fillette de sept à huit ans qui a de jolis traits et une physionomie engageante ne coûte guère plus de deux mille francs. Laissons-la grandir, et cette même fillette dans dix ans aura décuplé de valeur, de sorte que les deux mille francs déboursés se seront transformés en une somme ronde de vingt mille. Si l'on déduit de ce chiffre les dépenses d'entretien nécessaires, il restera encore un beau bénéfice à la revendeuse, qui voit sa fortune s'arrondir avec le nombre de ses protégées.

Il faut dire cependant ce que nous enseigne l'expérience, c'est que cette spéculation est fort précaire quand on opère sur une seule esclave. Pour la rendre lucrative, il faut disposer d'une douzaine de sujets, de manière à pouvoir contrebalancer les pertes éventuelles et les mécomptes, et contenter aussi le goût de tout le monde. Il y a des dames à Constantinople qui mènent grand train avec l'argent qu'elles tirent de ce trafic et qui ont pris de magnifiques hypothèques sur la beauté future de telle ou telle favorite.

Le mode de placement des esclaves est assez simple : chaque dame qui a des sujets à vendre envoie à droite et à gauche des femmes habiles, des courtières expérimentées, qui font la place et cherchent la clientèle. Les portes où les agents femelles frappent de préférence sont celles des sérails ou des émissaires du vice-roi, car elles savent que là les articles sont payés ce qu'ils valent et toujours argent comptant.

Une autre façon de réclame est de se promener en voiture découverte, dans les rues de Constantinople ou dans les jardins publics, avec une ou deux jolies esclaves, assises sur la banquette de devant. Les amateurs qui ont l'habitude de passer en revue les équipages ne manquent pas de remarquer les belles poseuses et de se renseigner sur leur compte ; dès lors la dame patronnesse doit s'attendre à voir des messagers arriver chez elle pour entamer les préliminaires du marché. Ces pourparlers une fois engagés, l'acquéreur lui-même ne tarde pas à paraître pour arrêter les conventions définitives.

Lorsque l'esclave a plu, l'acheteur est en général très coulant, et n'hésite pas à payer une forte somme. Du reste, le plus haut prix auquel une belle fille puisse atteindre ne dépasse guère vingt-cinq mille francs.

Ici se place une anecdote sur la femme de Z***-Pacha, qui, comme toutes les grandes dames de Constantinople, faisait son petit commerce d'esclaves. Le désir de se rendre indépendante de son mari l'avait lancée dans ce genre de spéculation. Elle commença par acheter quelques petites Circassiennes qu'elle éleva soigneusement. Ces premières élèves une fois vendues, elle en acheta d'autres qui lui valurent encore un joli bénéfice. Le capital primitif s'étant ainsi arrondi dans de grandes proportions, notre marchande augmenta de plus en plus son stock de provisions, de manière à transformer son ménage en une institution de jeunes demoiselles à vendre. Mais ce surcroît d'effectif donna lieu en même temps à un surcroît d'embarras. Il fallait trouver le placement de la marchandise et se créer des débouchés. Après mûre réflexion, madame Z*** s'avisa que le plus sûr moyen de faciliter le débit de ses esclaves était d'avoir recours à la sorcellerie. Cette résolution une fois prise, elle s'en alla droit chez un hodja dont l'art magique lui inspirait confiance, et lui demanda avec instance et bourse en main de vouloir bien opérer quelque prodige en sa faveur. Le sorcier ne se fit pas longtemps prier et remit secrètement à sa cliente une chemise enchantée dont la vertu consistait à rendre éblouissante et irrésistible la personne qui la revêtirait.

Que cet objet fût doué en effet d'un charme merveilleux, c'est ce que l'on ne saurait guère révoquer en doute ; car de rayon même de madame Z***, il est avéré qu'aucune esclave revêtue de cette chemise n'avait manqué, en se présentant devant un amateur, de l'ensorceler complètement. Je me permets cependant de supposer, malgré tout le respect que je dois au sorcier, ou que les attraits de la jeune fille choisie lui tenaient réellement lieu de talisman, ou que le prestige de la propriétaire, la femme du puissant Z***-Pacha, agissait à ce point sur les clients que chacun d'eux se plaisait à se laisser dominer par elle. Car on est assez diplomate, en Turquie, pour feindre au besoin d'être ensorcelé.

Madame Z***, après tout n'est pas plus répréhensible que les autres dames turques. Ce n'est pas contre elle que je m'élève ici, c'est contre le système qui engendre de tels abus et grâce auquel la vente d'une créature humaine est regardée comme une pratique toute naturelle, comme une transaction parfaitement juste et légitime.

L'exemple de madame Z*** est pris entre mille autres que je pourrais citer. Ce que cette dame a fait sur une grande échelle, nos mères et nos sœurs le font journellement, ouvertement, et sans le moindre scrupule. On achète à dix, on vend à cent ; c'est un jeu à terme ; dans l'intervalle, la beauté des sujets s'est développée à la hausse ; et c'est la nature elle-même qui se charge des différences.

VIII

CONDITION DES ESCLAVES

On peut affirmer qu'en général, le sort des femmes esclaves n'est pas à plaindre. Celles à qui leurs charmes donnent une grande valeur deviennent odalisques, puis mères de famille et femmes libres. Beaucoup d'entre elles arrivent à épouser des personnages haut placés ; car en Turquie on aime mieux prendre une esclave pour femme qu'une fille de famille. Voici la raison de cette préférence : l'instinct de despotisme est très développé chez le Turc ; il tient à être et à rester maître chez lui ; il veut avoir le droit de surveiller et de contrôler sa femme, de la faire obéir aveuglément, de la transformer en une espèce d'automate qui ne doit agir et se mouvoir que d'après sa volonté et ses ordres ; dans son intérieur, le Turc est un sultan au petit pied, susceptible, irritable, ne supportant ni opposition, ni prétentions, ni caprices ; en un mot, il lui faut une femme, ou des femmes résignées, qui n'aient, comme dit le proverbe, ni langue ni bouche, enfin de vraies machines.
  Les filles de famille, c'est-à-dire les filles libres, sont rarement d'humeur à se soumettre à un pareil programme. Quelque négligée qu'ait pu être leur éducation, le sentiment de leur condition réagit sur elles ; il a pour effet de les rendre moins souples, moins dociles que les esclaves de race. D'ailleurs, les influences de famille et l'appui moral et matériel qu'une femme libre sait trouver chez ses parents, lui donnent un aplomb et une force de résistance qui parfois gênent le mari.

Ainsi, qu'une querelle s'élève entre les deux époux, le mari doit s'attendre à voir intervenir les parents de sa femme, qui tâcheront de lui faire entendre raison, sauf, s'il est nécessaire, à recourir à d'autres moyens.

Ces considérations ont généralement inspiré aux maris turcs je ne sais quelle sainte aversion pour les beaux-pères et les belles-mères. Voilà pourquoi ils tiennent à prendre des femmes qui n'aient aucune attache, des esclaves circassiennes, par exemple, amenées de leur pays toutes seules et en guenilles, et que l'on peut façonner et dresser à sa fantaisie. Pauvres orphelines, elles entrent dans la maison sans prétention d'aucune sorte ; elles s'y attachent ; et ce qu'il y a de plus surprenant, c'est qu'elles finissent souvent par y prendre un empire absolu.

Une fois que le maître est dompté, l'orpheline circassienne lève le masque. C'est un vrai coup de théâtre : une parenté nombreuse envahit la maison, pieds nus, dans un misérable équipage. Le pauvre mari, réduit à un véritable état d'imbécillité par l'ascendant de sa femme, s'empresse d'embrasser tendrement tout Circassien qu'elle lui présente ; c'est son beau-père, son beau-frère, etc. Naturellement le personnage qu'il accueille le mieux, c'est celui qui autrefois a volé l'esclave pour l'amener sur le marché. Il est évident que, sans ce voleur bienheureux, jamais le bey ou le pacha n'aurait eu la joie de posséder une pareille femme.

Il va sans dire que le bon mari se charge de faire habiller à ses frais tous les nouveaux parents de la dame, et de les loger et de les entretenir, etc. Il s'était défié d'une fille libre, et maintenant une esclave le tient par un fil.

Toutes les Circassiennes qui sont vendues ne peuvent pas, bien entendu, aspirer à une si brillante carrière. Les moins heureuses restent pendant quelque temps odalisques (maîtresses légitimes) ; puis elles sont revendues, ou mariées par leur maître à quelqu'un de ses protégés ou de ses serviteurs.

En somme, les esclaves circassiennes sont beaucoup plus favorisées par le sort que les filles turques, à qui elles font une rude concurrence ; on pourrait même dire que cette concurrence n'existe pas, car les Circassiennes l'emportent presque toujours sur leurs rivales. Ce sont elles qui font les plus beaux mariages. Sans parler du sérail du sultan, tout peuplé de Circassiennes, les femmes des premiers dignitaires de l'État sont pour la plupart d'anciennes esclaves. Je pourrais citer comme exemples la femme de Réchid-Pacha, celles de Ruchdi-Pacha, de Riza-Pacha, de Méhémet-Pacha, ministre de la police, etc., etc. Les *et cætera* sont ici nécessaires ; sinon, il faudrait prendre en main l'almanach officiel et copier toute la liste des grands personnages de l'empire ottoman.

Un fait qu'il est curieux de signaler encore, c'est qu'aux yeux de la société turque il n'y a pas de honte à descendre d'une race d'esclaves. L'esclavage est une institution si universellement adoptée qu'elle a fini par paraître toute naturelle. Les hommes et les femmes de race esclave n'ont donc aucune répugnance à avouer leur extraction. Quand, par exemple, deux femmes se rencontrent, elles ne se gênent pas pour se demander l'une à l'antre : – Êtes-vous de race esclave ?

Cette question se fait à tout propos, car les femmes d'origine esclave aiment à se connaître entre elles ; une secrète sympathie les relie les unes aux autres. L'affinité de race et le sentiment national sont deux instincts qui ne peuvent jamais s'effacer et qui restent tout-puissants, même au sein de l'esclavage ; c'est à eux qu'il faut attribuer cette sorte de franc-maçonnerie qui unit toutes les Circassiennes, riches ou pauvres, et qui les porte à s'entraider et à se soutenir mutuellement comme pour tenir tête aux femmes du pays. Cet esprit de corps cependant ne se prolonge pas au delà d'un certain temps ; car il n'est pas héréditaire, et les enfants de ces esclaves finissent pas se disperser et se fondre dans la grande communauté musulmane.

Pour compléter ces notes sur les esclaves blanches, je dois ajouter que celles qui n'ont pas la chance de se marier ou d'être choisies comme odalisques, sont employées comme femmes de chambre, et se partagent le service de leurs déférentes maîtresses. En échange de ces soins, elles sont vêtues et nourries et reçoivent chaque mois une légère rémunération.

Le service d'une esclave ne se prolonge guère plus de six à sept ans. On a soin, avant qu'elle vieillisse, de la marier avec quelque familier de la maison ou avec un commerçant. Établir ces femmes d'une façon convenable, c'est pour la maîtresse une question d'amour-propre ; elle tient à faire parler de sa générosité.

Quant aux esclaves mâles, je n'ai pas grand-chose à en dire, car leur nombre est aujourd'hui tellement réduit qu'on trouve à peine çà et là quelques serviteurs circassiens ou géorgiens. Il y a encore un certain nombre d'esclaves mâles au palais impérial, chez le vice-roi d'Égypte, et aussi chez les grands pachas. Quelques-uns même, parmi ceux du sultan, ont été élevés au rang de pachas, par exemple Nevres-Pacha, Ziver-Pacha, etc. Le premier de ces dignitaires a dirigé pendant quelque temps le ministère des Finances.

IX

LES ESCLAVES DE COULEUR

Les esclaves noires, ou africaines, occupent une place inférieure dans le service domestique. Elles ne peuvent prétendre, comme les Circassiennes, au rang de femmes mariées ou d'odalisques, pas même à celui de femmes de chambre ; car il y a peu de personnes qui aiment à voir circuler autour d'elles de laides moricaudes aux grosses lèvres, et l'on conçoit qu'un teint carbonisé puisse donner des crispations de nerfs et des sensations désagréables. De telles servantes ne sont bien placées qu'à la cuisine, et c'est pourquoi les négresses y sont reléguées.

Les mêmes raisons politiques et religieuses qui font des esclaves blanches une nécessité, imposent aussi l'esclavage des noires. Il y a cependant une différence entre ces deux espèces d'étrangères, c'est que jamais les négresses n'ont été recrutées pour concourir à la propagation de la race turque. Sous ce rapport la traite des noirs est en Turquie un acte de cruauté exceptionnel ; car les milliers et les milliers d'esclaves qui depuis des siècles ont été importés d'Afrique périssent tous sans laisser de postérité. Le sort de ces malheureux est de travailler sans relâche et de succomber à la peine. Aucun d'eux n'a pu jouir du fruit de son travail en se créant une famille et en élevant des enfants ; il est avéré que même les nègres affranchis qui se sont mariés, soit avec des femmes de leur couleur, soit avec des blanches, n'ont jamais fait souche dans le pays. En général, leurs enfants meurent en bas âge. Le cas de descendance nègre au troisième degré est chose tout à fait inconnue.

S'il n'en était pas ainsi, une grande partie de la population de Constantinople, de Smyrne, de Salonique, etc., devrait être maintenant mulâtresse ou quarteronne ; car le sang africain aurait laissé des traces de son passage dans les veines des indigènes. Ce fait n'est signalé que dans l'Arabie et en Égypte où le climat est plus favorable ait mélange des races.

Si l'on considère que les esclaves africains, hommes et femmes, doivent se résigner aux travaux forcés et à l'extinction de leur espèce, pour l'unique satisfaction de servir dans les cuisines des blancs, on ne peut que maudire un abominable trafic et applaudir aux efforts des puissances européennes pour y mettre un terme. Un pareil commerce mérite qu'on le stigmatise du nom de boucherie des noirs, boucherie lente, mais sûre. La responsabilité en retombe presque entièrement sur le maître musulman ; d'abord, parce que c'est lui qui provoque le rapt du nègre en offrant une prime au ravisseur ; ensuite, parce qu'une fois qu'il tient l'esclave entre ses mains, il le séquestre dans une éternelle prison, en lui disant : « Travaille pour mon bien-être, esclave ; ruine ta santé, sacrifie-moi ta vie ; et ensuite, va-t'en au diable ! »

Il n'est presque pas de ménages à Constantinople qui n'ait à son service une ou plusieurs négresses ; car il n'y a que les indigents qui fassent leur propre cuisine et qui s'occupent des travaux de leur intérieur.

Le prix d'une négresse varie depuis deux cent cinquante francs jusqu'à quinze cents francs. On donne volontiers cette dernière somme pour une bonne cuisinière, habile dans l'art de faire des *baklavas* et des *beureks*, les délices des raffinés.

Comme les négresses ne peuvent aspirer aux mêmes avantages que les esclaves blanches, c'est sur elles que pèse plus lourdement l'esclavage. Ce sont elles qui doivent veiller nuit et jour près du feu pour préparer des repas et des collations interminables ; ce sont elles qui sont chargées du blanchissage, de l'entretien des bains, de la propreté de la maison, que sais-je encore ? et pour tant de soins, les pauvres femmes n'ont d'autre récompense que deux francs par mois, et plus tard peut-être, quand elles sont épuisées de fatigue, un vieux mari : car ce genre d'affranchissement par un mariage tardif est le sort le plus beau que puisse rêver une négresse.

Il est rare, je dois le dire, qu'un maître maltraite sa servante ; car, en général, on aime mieux renvoyer une esclave récalcitrante que risquer de se salir les mains en la battant. Mieux vaut aussi perdre quelque peu d'argent que de se faire, comme on dit, de la bile.

Malgré cette apparente douceur des maîtres, il y a bien peu de nègres, hommes ou femmes, capables de résister longtemps à la pression sociale qui les écrase. Combien peu en voit-on vieillir auprès de leurs maîtres ! La plupart d'entre eux restent d'abord quelque temps sans se plaindre ; puis viennent les murmures, les bouderies, les pleurs, et enfin l'insubordination ouverte, qui donne lieu naturellement à des scènes fort animées, dans lesquelles le maître est obligé, bon gré mal gré, de procéder à une exécution sommaire, et d'avoir recours à la baguette.

Car rien n'égale l'obstination d'un nègre. Il y a un dicton bien connu, à propos de cette race têtue :

« Quand il s'y met, il faut que vous le tuiez, ou que vous vous laissiez tuer. »

J'admets que les torts soient souvent partagés et que les maîtres puissent avoir raison dans tel ou tel cas, sur tel ou tel détail, mais en principe, jamais. L'insubordination des nègres tient à l'excès de travail que l'on exige d'eux et à l'infime place qu'on leur fait dans la société. Il y a cependant une autre cause qui contribue beaucoup à les aigrir et qui les pousse à la révolte ; c'est la propagande de l'association des noirs.

Ces mots de propagande et d'association doivent causer une vive surprise au lecteur, car il est difficile de comprendre comment des nègres, c'est-à-dire des êtres à peine réputés au-dessus de la brute, ont pu songer à s'associer et à propager leur affiliation. Il en est ainsi cependant ; mus par une certaine affinité mystérieuse, les nègres de Constantinople ont établi entre eux une sorte de franc-maçonnerie plus active que ne l'est l'association des

Circassiens, lesquels, eu égard aux avantages dont ils jouissent, n'ont jamais eu grand besoin de se coaliser. Les nègres des deux sexes, au contraire, se voyant opprimés et persécutés sans merci, ne trouvèrent de salut que dans une ligue de défense mutuelle ; ils songèrent d'abord à s'associer généreusement pour secourir ceux d'entre eux qui, après avoir été affranchis, tomberaient dans la misère. C'était là leur but primitif, mais peu à peu ils en devièrent. L'association crut devoir se transformer en une sorte de club national, dont la mission par excellence devait être d'intervenir dans tous les différends qui pouvaient s'élever entre maîtres et esclaves. On voit que partout le monde, si varié qu'il soit, renouvelle le même spectacle : des nègres s'associant pour organiser des grèves ! une internationale noire, à Constantinople ! n'est-ce pas un phénomène bien étrange ! Et pourtant ces braves gens n'ont entendu parler ni des socialistes, ni des communistes, ni des nihilistes ; quant à la presse, ils ne savent même pas qu'il y ait des journaux au monde.

Quelques mots au sujet de cette association seulement noire :

Mettons d'abord de côté toute idée d'organisation analogue à ce qui se passe chez les blancs ; ni bureau, ni président, vice-présidents, secrétaires, rapporteurs, etc. Les nègres de Constantinople ont établi leur société sur un plan moins compliqué et plus modeste ; ils n'ont point de comité central : la décentralisation, au contraire, semble être chez eux à l'ordre du jour.

L'association des négresses, car ce sont les femmes surtout qui se coalisent, se divisa en un certain nombre de loges, dont chacune dépend d'une directrice appelée *Kol-bachi*. Cette présidente est investie de toutes les attributions spirituelles et temporelles. Son pouvoir spirituel est basé sur une croyance superstitieuse ; on la regarde comme la prêtresse d'un dieu adoré par les négresses sous le nom de *Yavroubé*. Ce dieu s'incarne dans la prêtresse et la métamorphose en un être masculin, à l'époque où elle se sent inspirée. Quand ce jour arrive, elle fait sommer toutes ses adeptes d'assister au miracle de cette incarnation et aux cérémonies qui doivent l'accompagner. Cet ordre de la *Kol-bachi* est sacré, et aucune négresse n'oserait y contrevenir, cas la vengeance de Yavroubé la happerait à l'instant même. D'ailleurs, l'espoir d'être choisie comme épouse spirituelle par Yavroubé tourne la tête à toutes ces femmes, et pour rien au monde elles ne manqueraient à une pareille fête. Les voilà donc de toutes parts, quittant leurs fourneaux, laissant leurs maîtres se tirer d'affaire comme ils pourront, et affluant à la loge à laquelle elles appartiennent. Chacune, avant de sortir de la maison où elle sert, a soin de se bien parer, afin de pouvoir captiver Yavroubé et d'être l'objet de son choix. Un autre soin qu'elles se gardent bien d'oublier, c'est d'emporter tout ce qu'elles peuvent, bouts de chandelle, morceaux de sucre, pots de graisse, marc de café, lambeaux de torchon, etc., dîmes prélevées sur le ménage pour en faire hommage à Yavroubé.

Naturellement Yavroubé ne reçoit rien de toutes ces offrandes, car la prêtresse a soin de se les adjuger. Si une négresse se hasarde à venir les mains vides, elle encourt une verte réprimande, et de plus elle est mal notée par Yavroubé. Une partie de ces dons en nature sert à payer les frais de la réunion.

Dans ces jours de cérémonie, on dirait une noire fourmilière, où les négresses s'entassent les unes sur les autres. La chambre de la prêtresse est décorée comme une chambre nuptiale, et l'on y installe un lit somptueux, couvert de cachemires et de riches étoffes. La Kol-bachi se met au lit, la tête et le sein couverts de pièces d'or et de bijoux, et cette installation dans la couche du dieu Yavroubé a lieu au son des instruments africains, tels que le *tef* (tambour) et la *darbouca*, sorte de tuyau en terre cuite, garni de peau à l'une de ses extrémités.

Animé et comme enivré par le vacarme, l'esprit de la Kol-bachi s'exalte peu à peu jusqu'à l'extase. Son système nerveux surexcité finit par atteindre le paroxysme d'un délire enthousiaste, elle se débat dans des convulsions démoniaques. C'est alors que s'opère la prétendue incarnation de Yavroubé et qu'on entend le dieu crier le nom de celle qui doit partager sa couche. À ce moment la sainte fureur de la prêtresse se communique à toutes les assistantes, et le plancher de la chambre nuptiale offre l'affreux spectacle d'un amas de créatures noires, qui, l'écume à la bouche, se renversent les unes sur les autres, dans les contorsions les plus violentes. Le paroxysme une fois passé, et dès qu'un peu de calme a succédé à la bacchanale, on sert à l'assemblée des sorbets, puis un repas à l'africaine, composé de mets fortement épicés.

Ce culte superstitieux et barbare semble avoir été importé de l'Afrique, car ni la religion musulmane, ni aucune autre croyance ne reconnaît et ne tolère de pareilles extravagances. Et cependant les négresses prétendent associer Yavroubé avec Mahomet ; car elles ne cessent, tout en se livrant à ces pratiques étranges, de se déclarer bonnes musulmanes et d'invoquer Allah et son Prophète. Mais qu'elles soient musulmanes on non, il serait curieux de savoir si les nègres du centre de l'Afrique connaissent Yavroubé et ses mystères. On peut s'étonner, et non sans raison, que les grands explorateurs des régions équatoriales ne nous aient encore rien révélé sur les croyances et les pratiques de ces populations sauvages. Je suis sûr que parmi leurs superstitions, on retrouverait le culte de Yavroubé, sens un autre nom peut-être, mais avec les mêmes rites. Il n'y a pas d'autre moyen d'expliquer, chez les négresses, cette cérémonie barbare, aussi ignorée de l'ancienne Byzance que de Stamboul la musulmane.

Ce qui est encore plus singulier, c'est que les nègres mêmes ne sont point initiés an culte de Yavroubé, qui semble être institué tout spécialement pour les femmes. Les hommes en sont exclus. Tout ce que j'ai pu savoir à ce sujet, c'est le peu que j'en ai entendu dire par une Kol-bachi, nommée Safrana, qui est venue une fois dans notre maison. Elle était richement vêtue, et affectait les airs de domination d'un chef de secte. Elle était escortée de plusieurs adeptes qui l'aidaient à s'asseoir, à se lever et qui lui portaient sa pipe.

L'autorité temporelle d'une Kol-bachi est aussi très grande ; car elle peut disposer, comme bon lui semble, et de ses adeptes et de leurs biens. Ce pouvoir est cependant contrôlé par les membres influents de l'association. Si la Kol-bachi a beaucoup de privilèges, elle doit se conformer sur certains points à l'opinion de ses conseillères. Ainsi, elle ne peut pas user à discrétion des fonds de la société, dont elle n'est, après tout, que la dépositaire. La maison qu'elle habite et les bijoux dont elle se pare sont, il est vrai, à sa disposition, mais elle n'en a pas la propriété ; et quand elle meurt, c'est celle qui lui succède qui est appelée à en jouir à son tour.

Les biens de la communauté consistent en immeubles et en valeurs accumulées de longue date, grâce aux contributions des adeptes. Tous les membres de la loge se cotisent en proportion de leurs salaires, et tâchent encore d'accroître le fonds commun en y ajoutant le produit de leurs petits larcins. C'est sur ce fonds que sont prélevés les secours que l'on accorde aux négresses indigentes ou sans emploi ; et c'est de la même caisse que l'on tire les sommes nécessaires pour affranchir les nègres qui se mettent en grève ou en révolte contre leurs maîtres.

Si la Kol-bachi veut affranchir une esclave, elle n'a garde de se mettre en avant. Elle s'exposerait ainsi à payer l'esclave le double ou le triple de sa valeur. Mais, pour faciliter l'opération, elle fait agir en sous-main un intermédiaire étranger à l'association ; puis l'esclave affranchie entre dans sa loge comme adepte et membre participant à la cotisation. On tâche ensuite de lui procurer une place.

De cette façon, comme on le voit, le sanctuaire de la prêtresse sert au besoin de bureau de placement. C'est là que les gens mêmes qui ont vendu leurs esclaves sont obligés d'aller se pourvoir d'une cuisinière ou d'une servante. Cette maison est aussi une sorte d'hospice et d'asile où les négresses malades ou sans emploi peuvent trouver un abri et des secours.

Nous avons dit que les nègres ne font point partie de ces loges, où les femmes seules sont admises. Celles-ci cependant n'oublient pas leurs frères noirs. Leur bienfaisance s'étend sur eux, soit qu'elles leur viennent en aide dans le malheur, soit qu'elles s'associent avec eux pour le succès de leurs entreprises.

Le sort des nègres est, pour plusieurs raisons, beaucoup plus triste que celui des négresses. Un noir émancipé n'a qu'un nombre bien limité de professions qui lui soient ouvertes ; aussi tombe-t-il presque toujours dans la misère. Les métiers que les nègres choisissent de préférence sont ceux de cafetier, vendeur de limonade, musicien ambulant, et quelques autres d'une nature encore plus précaire.

Le musicien nègre est par exemple un type spécial ; vous le rencontrez aux jours de fêtes, sur les promenades publiques, où il amasse autour de lui une foule considérable, composée principalement de négresses endimanchées. Ce trouvère noir, à la mine chétive et triste, n'a pas d'autre instrument qu'une pauvre guitare et une voix rauque, et cependant il n'en faut pas plus pour attirer un nombreux auditoire ; car les premiers sons des airs africains font accourir et bondir toutes les négresses ravies en extase, sans distinction d'âge ni de condition.

Une pareille scène a quelque chose de touchant ; elle fait comprendre quelle puissance exerce sur l'âme l'écho lointain de la patrie. Une seule note qui rappelle l'Afrique centrale, en voilà assez pour électriser des malheureux que nous rangeons presque au niveau des brutes !

La misère à laquelle les pauvres nègres sont si souvent réduits a éveillé l'attention du gouvernement. On a essayé de venir à leur aide en leur procurant du travail. À cet effet on a organisé à l'Arsenal un bataillon d'ouvriers, exclusivement composé de nègres, dont la besogne consiste à désarticuler les radeaux, pour en retirer les charpentes, destinées à la construction de la flotte.

Les radeaux arrivent incessamment dans le port, et les nègres se précipitent sur ces planchers flottants comme sur une proie, en poussant de grands cris, en chantant et en gesticulant ; ils démontent les pièces de bois en un instant et vont les placer, chacune à sa case, dans les différents chantiers établis à cet effet. Cette sorte de travail semble être pour les nègres une spécialité pour laquelle ils n'ont pas de rivaux, tant ils déploient d'adresse et d'activité dans un genre de service à la fois pénible et peu lucratif.

X

LES EUNUQUES

Dès l'antiquité la plus reculée, il fut d'usage chez les peuples asiatiques d'employer des eunuques pour le service intérieur de leurs maisons. Byzance même, la chrétienne Byzance, avait conservé cette coutume, et c'est à elle que les conquérants turcs l'ont empruntée. Les eunuques étaient fort puissants, comme on le sait, à la cour byzantine ; car non-seulement ils occupaient la charge de chambellans intimes près de la famille impériale, mais ils exercèrent aussi dans l'État de hautes fonctions diplomatiques et militaires.

Narsès, général byzantin qui expulsa les Francs de l'Italie et qui reconquit cette province au nom des empereurs d'Orient, n'était qu'un simple eunuque du palais.

La cour ottomane adopta tout naturellement le système déjà établi et l'emploi des eunuques dans le sérail ; car la réclusion des femmes, telle qu'elle était prescrite par le Coran, semblait exiger l'application d'une coutume contre nature et barbare.

Cependant il n'y a, dans la loi de Mahomet, pas un verset, pas un mot qui autorise ou justifie l'intervention des eunuques comme gardiens de la vertu des femmes. Le Prophète veut que les femmes soient enfermées et surveillées de près, mais c'est à leurs maris qu'il abandonne cette tâche délicate ; eux seuls doivent l'accomplir par des moyens plus ou moins légitimes. Le crime de lèse-humanité proclamé par l'institution d'une classe d'eunuques ne saurait donc s'abriter sous la sanction religieuse. Mahomet ne fait mention nulle part de ces êtres malheureux, et ce silence prouve que de son temps les Arabes ne connaissaient ni les eunuques, ni leur destination. Ce fut seulement dans les siècles suivants que les disciples du Prophète crurent devoir enchérir sur ses préceptes, en prêtant à la jalousie conjugale des auxiliaires que le Coran n'avait pas prévus. Les moyens les plus odieux et les plus raffinés parurent justifiés par le but que la loi voulait atteindre, et le service des eunuques fut consacré comme une mesure orthodoxe qui devait mettre à l'abri l'honneur des maris musulmans.

Il y avait jadis deux sortes d'eunuques employés au palais impérial, ou chez les grands de l'empire : les eunuques blancs, nommés *ak-aghalar* ou gentilshommes blancs, et les eunuques noirs.

Les gentilshommes blancs étaient des esclaves circassiens ou géorgiens qui en bas âge avaient été soumis par leurs maîtres à une opération barbare et dégradante. Aujourd'hui l'on a cessé de se servir de ces gentilshommes blancs ; on ne rencontre plus que quelques vétérans qui passent leurs derniers jours dans quelque coin retiré de la capitale. Les uns vivent d'une pension ; d'autres servent l'État d'une façon ou d'une autre. Je me souviens pour ma part d'un eunuque blanc qui commandait une compagnie à l'arsenal de Tophané arec le grade de major d'artillerie. Ce pauvre diable travaillait jour et nuit ; son dévouement et son assiduité auraient dû faire honte à ses camarades oisifs qui flânaient dans les promenades en frisant leurs moustaches. L'arsenal et l'État sont bien redevables à cet humble mais zélé serviteur, dont l'existence pénible leur a été toute consacrée.

Il n'y a plus qu'une sorte de gentilshommes blancs qui ait conservé ses fonctions au palais, ce sont les nains. On y voit en effet quatre ou cinq pauvres nains, vraies monstruosités microscopiques, qu'on a jugé à propos d'enrôler dans la bande des eunuques. Les nains, comme autrefois ceux des cours européennes, remplissent les fonctions de bouffons et de baladins ; leur rôle est d'amuser les grands personnages, soit dans le harem, soit ailleurs. C'est en vertu de cet emploi que les nains jouissent du privilège d'avoir leur entrée libre auprès des dames ; mais en même temps ce privilège leur impose un sacrifice qui les dégrade aux yeux de leurs semblables. Cette dernière précaution n'est nullement superflue comme on pourrait être tenté de le croire, car malgré leurs proportions minuscules, quelques-uns de ces avortons ont pu, si l'on en croit les on-dit, porter ombrage aux maîtres des harems. Je connais à ce propos une anecdote dont l'authenticité ne saurait être mise en doute.

Il y avait au palais impérial un nain nommé Ahmed Agha (monsieur Ahmed), qui jouissait d'une haute faveur auprès des dames, comme aussi près des gens de la cour. Lorsqu'il avait été admis dans le sérail, il n'était encore qu'un enfant ; mais quelques années plus tard, en 1850, certains signes caractéristiques vinrent éveiller des doutes en même temps que des craintes jalouses chez les gardiens du harem. Ainsi, quelques coupures de rasoir au menton du nain révélaient évidemment l'existence d'une barbe ; or, si, comme on le dit :

« Du côté de la barbe est la toute-puissance, »

cette puissance-là n'est pas celle que l'on pouvait attendre de ce gentilhomme.

La sensation que cette découverte produisit dans le sérail

amena l'expulsion d'Ahmed, déchu de son rang d'eunuque (si c'est là une déchéance) et aurait pu aboutir à des peines encore plus sévères, s'il n'eût eu affaire à un maître humain et généreux comme l'était Abdul-Medjid. Sa Majesté, au lieu de s'irriter de ce malentendu, en rit beaucoup, comme d'une plaisanterie originale de son bouffon favori, et se contenta de l'interroger, pour s'assurer formellement si le rôle qu'il avait joué dans son harem n'avait pas donné lieu à quelques indiscrétions dont on aurait à regretter les suites.

Quelles ne furent pas la surprise et l'anxiété du sultan lorsqu'il vit le nain se jeter à ses pieds en implorant sa bonté ! Quel aveu terrible allait donc sortir de sa bouche. Heureusement les craintes de Sa Hautesse furent bientôt dissipées.

Ahmed, pendant son séjour au harem, était devenu amoureux d'une jeune esclave, nommée Émine ; mais sa flamme était si pure, qu'elle était restée un mystère pour tout le monde, même pour la belle esclave. Prompt à saisir l'occasion que le sultan venait de lui offrir, il s'écria en embrassant les genoux du monarque :

« Oh, Seigneur, j'ai commis une indiscrétion : j'aime, sans qu'elle le sache, la charmante Émine. J'implore donc votre clémence, et si Votre Majesté me renvoie, qu'elle daigne au moins permettre à cette jeune esclave de me suivre et de devenir mon épouse ! »

Un long éclat de rire du sultan, auquel toute la cour fit écho, accueillit cette déclaration d'amour de l'ex-eunuque. Mais, comment admettre un mariage entre le nain et une femme quatre fois au moins plus grande que lui ?

Sur quoi, un plaisant de la cour proposa d'accorder au bouffon l'objet de sa requête, à une condition cependant : c'est que devant tous les habitants du harem, de plain-pied et sans se hausser, il donnerait un baiser à sa belle. Tout le monde, à commencer par le sultan, se rangea en riant à cet avis ; c'était le meilleur moyen de prévenir un mariage mal assorti. Mais en comptait sans le nain qui accepta le défi, et se mit en mesure d'y parer. Le jour venu, il fut introduit dans le harem avec ses anciens collègues. Les dames du palais et leurs esclaves étaient toutes réunies dans la grande salle, et là on se livrait à des amusements et à des jeux de toutes sortes. Les plus jeunes esclaves, mêlées aux nains et aux enfants, se poursuivaient en riant. Le petit Ahmed, qui était de la partie, prit son temps, s'élança vivement sur Émine, et lui pinça la jambe avec force. Cette brusque attaque produisit l'effet qu'il en attendait. La jeune Circassienne, voulant punir le nain de son audace, riposta par un coup bien appliqué ; mais pour cela elle fut obligée de se baisser et offrit ainsi à son adversaire l'avantage qu'il souhaitait. Ahmed saisit la jeune fille par le col, et avant qu'elle pût se redresser, il lui appliqua, non pas un, mais plusieurs baisers sonores. Des éclats de rire et de joyeux hourrahs y répondirent, et le sultan paya sa gageure en ordonnant les fiançailles de la belle Circassienne avec le gentilhomme blanc [6].

Les eunuques noirs sont aujourd'hui les seuls dont le palais impérial utilise les services ; leur nombre actuel est d'environ deux cents. Les grands personnages en emploient seulement trois ou quatre pour le service extérieur du harem.

Les malheureux nègres, amenés en bas âge de l'Afrique centrale, portent dès le berceau l'empreinte de la mutilation. La cause de cet usage barbare, c'est que, sur le marché de Constantinople ou du Caire, un eunuque vaut le double d'un simple esclave.

Du reste, sous le rapport du bien-être matériel, les eunuques sont plus heureux que leurs compagnons d'esclavage. Servant d'intermédiaires entre les hommes et les femmes, ils se rendent utiles à tout le monde sans porter ombrage à personne. Ces gens-là finissent de la sorte par devenir indispensables, et leur influence aboutit souvent à un pouvoir redoutable. Les eunuques du palais ont fait des révolutions et détrôné des sultans.

En somme, le sort de ces personnages n'est guère pénible ; ils ont peu de besogne et beaucoup de loisirs. Leurs devoirs consistent surtout à porter des messages, et à escorter leurs maîtresses lorsqu'elles vont par les rues. Sous ce dernier rapport, on pourrait les comparer à ces laquais de parade, ces chasseurs à plumet et à épaulettes que les grands seigneurs en Europe font monter derrière leurs équipages de gala ; car les grandes dames turques ne sortent pas non plus sans être escortées par un ou deux eunuques montés sur de beaux chevaux et revêtus d'un brillant uniforme. C'est un luxe comme un autre.

Dans leur vieillesse, les eunuques retirés vivent des pensions que leurs anciens maîtres leur servent ; ceux des palais emportent en outre le fruit de leurs épargnes et les profits qu'ils ont pu réaliser par des moyens plus ou moins légitimes. Il y en a quelques-uns qui sont immensément riches et qui mènent un train de princes. Il y en a aussi qui se marient, oui, qui se marient, suivant la loi, avec une, deux, trois et quatre femmes pour donner à leur intérieur le complément naturel de l'aisance et du confort. Ces personnages excentriques choisissent d'ordinaire leurs épouses parmi les femmes du palais, leurs anciennes compagnes, avec lesquelles ils se décident à finir leurs jours sur le pied de la tendresse la plus platonique.

Que les eunuques contractent de pareilles alliances, c'est un fait qui peut s'expliquer ; car tout être humain a droit d'être captivé par l'admiration désintéressée du beau. Mais que de jeunes et jolies Circassiennes puissent se résigner à une situation qui n'est qu'un vain et choquant simulacre du bonheur, c'est ce que l'on a peine à comprendre. Il faut que la cupidité et l'amour du luxe soient bien puissants chez elles pour les déterminer à de si étranges anomalies. Il y a, en tout pays, des gens qui pensent que le vrai bonheur, c'est la richesse.

Quelques personnes peut-être hésiteront à croire que de tels mariages soient possibles. Mais j'ai connu moi-même des eunuques mariés. Rassim-Agha, premier eunuque du palais, s'était retiré dans un charmant chalet, à Tchamlidja, en compagnie de ses deux femmes ; j'allais fréquemment les y voir. De même à Soganly, village situé sur le golfe de Nicomédie, il y avait deux autres vétérans du sérail, qui vivaient là tranquilles, chacun avec sa femme. C'étaient de beaux vieillards dont les ménages n'avaient ni passé, ni avenir, ni amours, ni famille, mais dont le présent s'écoulait dans une douce communauté d'affection et de bien-être.

XI

CARACTÈRE DES EUNUQUES

Il est curieux, au point de vue psychologique, de rechercher l'effet moral que produit sur l'esprit de ces malheureux êtres la dégradation physique à laquelle leur destin les a condamnés. Comme je me suis trouvé souvent en relation avec des eunuques, avec ceux, par exemple, qui étaient à notre service, les occasions ne m'ont pas manqué pour me rendre compte des traits saillants que présente leur caractère.

Je crois être dans la vérité lorsque je range en deux grandes catégories, bien tranchées et toutes contraires, les variétés de caractère que l'on remarque chez les eunuques. Au moral, comme au physique, ils ne semblent pas savoir ce que c'est que le juste milieu. Ou ils sont tout à fait noirs ou ils sont tout à fait blancs ; ou ils sont très bons ou ils sont très méchants. Point de nuances intermédiaires.

En effet on les trouve absorbés par une hypocondrie profonde, ou abandonnés à une humeur joviale et folâtre. L'eunuque est de sa nature bon, doux, d'un tempérament facile, si ce n'est pas un démon incarné. Le même contraste se fait voir dans les relations d'affaires. Tel eunuque est un avare fieffé, un Harpagon ; tel autre est un prodigue, un panier percé.

J'ai remarqué cependant, chez ceux mêmes qui passent pour des Roger-Bontemps et de joyeux compagnons, un certain fonds de mélancolie secrète : de temps en temps un nuage passe sur leurs fronts ; et leurs chants, leurs cris de joie sont parfois mêlés de profonds soupirs qui semblent s'exhaler d'un cœur malade et aigri ; semblable au rossignol qui a perdu la vue, l'eunuque chante ; mais ses tristes modulations trahissent malgré lui une existence manquée, des aspirations déçues.

Ferhad-Agha, un des eunuques du palais sous le règne d'Abdul-Médjid, était un de ces rossignols plaintifs dont l'âme vibrait à l'unisson de sa cruelle destinée. Plein de sentiment et d'imagination, il composait des airs pathétiques et les chantait lui-même avec beaucoup de feu. C'était d'ailleurs un prodigue désordonné et il est mort dans la misère. Un type entièrement contraire à celui-là, c'était Surur-Agha, un de nos eunuques, vrai démon toujours furieux, et en même temps intrigant et perfide. L'aimable caractère de ce personnage décida ma mère à l'offrir en présent à la mère de la sultane Mirimah ; c'était une manière comme une autre de se débarrasser de lui.

La jalousie est chez les eunuques une passion dominante, et cela se conçoit : ils ont tant de raisons d'être jaloux des autres hommes ! Leurs fonctions d'ailleurs secondent cette disposition ; irascibles et ombrageux, ils sont toujours prêts à s'élancer sur tout individu qui ose regarder les femmes qu'ils ont sous leur garde, et si cette indiscrétion dépasse certaines limites, ces farouches champions de la vertu n'hésitent pas à jouer du poignard ou du sabre. Sous le règne d'Abdul-Medjid, on a vu ces nègres furibonds accomplir avec joie des exécutions sanglantes sur des individus suspects d'intimité avec Servinas-Kadine, la sultane la plus émancipée du sérail.

Certains eunuques, à force de réfléchir sur leur situation irrémédiable, deviennent un beau jour philosophes et loin de s'irriter des fantaisies hasardées de leurs maîtresses, ils s'en font les intermédiaires complaisants. C'est par eux que les billets doux voyagent et que les petits cadeaux arrivent à leur adresse. Mais naturellement les eunuques ne se prêtent à ce rôle équivoque que s'ils y trouvent leur intérêt. Une fois cet intérêt mis en jeu, ces surveillants si bien choisis deviennent sourds et aveugles. Pauvres maris qui se fient aux eunuques et aux verrous !

Je dois m'arrêter ici ; car le plan que je me suis tracé ne me permet pas de confondre dans un même article l'esclavage vulgaire et celui de la haute volée, c'est-à-dire du palais. Cette distinction n'est pas arbitraire ; elle résulte de ce que les esclaves qui entourent la personne du souverain forment une société tout à fait à part des autres aussi bien que de la masse de la nation. Ce sera donc dans le chapitre suivant que je mettrai sous les yeux du lecteur un tableau aussi exact et aussi détaillé que possible du harem du sultan, et de l'organisation intérieure de ce curieux établissement.

TROISIÈME PARTIE

LE HAREM DU SULTAN

I

APERÇU GÉNÉRAL

Dans la première partie de cet essai sur *Les Femmes en Turquie*, mes lecteurs ont vu quelle est la condition de la femme libre au sein de la société musulmane. Dans la seconde, ils ont pu se rendre compte du rôle que joue l'esclavage dans cette même société. Ils vont assister maintenant à l'apothéose de l'esclavage, élevé à l'état d'une institution supérieure.

Le harem des souverains a été de tout temps un établissement à part, complètement distinct du corps social auquel il sert de clef de voûte, et admirablement adapté aux principes religieux et politiques qui soutiennent les empires musulmans. Le souverain dans ces empires est un être presque divin, placé à une hauteur incommensurable au-dessus des têtes de ses sujets. Entre lui et eux point d'échelons intermédiaires. Si du haut de cet isolement suprême, il venait à abaisser ses regards sur une femme de son empire, il ne pourrait l'élever jusqu'à lui sans compromettre sa majesté sacrée ; car une alliance entre une sujette et le vicaire du Prophète est considérée comme une souillure. D'ailleurs, la raison d'État, en Orient aussi bien qu'en Occident, s'oppose à de pareils mariages, sources de dangers pour le maintien de l'ordre et pour l'avenir des dynasties.

Les houris ne pouvant pas descendre du ciel pour se mettre à la disposition du padichah, ni les femmes du peuple monter à son niveau, il était nécessaire, pour marier les sultans, de recourir à un moyen terme ; et celui qui a été adopté, s'est de peupler le harem impérial d'esclaves venues du dehors, qui n'ont aucun rapport avec la nation, pas plus qu'avec le ciel.

Grâce à cet expédient, le souverain reste à la hauteur de son rôle, isolé de tous, excepté de ceux qui, comme lui, sont isolés du reste de l'empire. Il forme avec son entourage une société à part, un monde spécial, qui vit de sa propre vie, et qui n'a rien à faire avec le dehors. Cette cour exclusive a ses traditions, ses mœurs, et même sa langue à elle ; car le langage qui se parle au sérail est une sorte de dialecte qui ne diffère pas moins par sa prononciation que par ses tours du langage usuel de la ville. Une femme du sérail n'a qu'à ouvrir la bouche pour qu'on la reconnaisse sur-le-champ.

De même que chaque musulman tâche de rassembler dans l'intérieur de son harem tout le bien-être et toutes les félicités possibles, de même le sérail a été organisé sous ce rapport de manière à se suffire à lui-même, sans l'aide des pourvoyeurs étrangers ni des agents du dehors. Ainsi qu'on le verra dans la suite, le sultan tire ses approvisionnements de ses propres domaines et n'a recours au commerce que pour se procurer les objets manufacturés et de luxe proprement dits.

Avant de m'engager plus avant, je crois nécessaire, pour éviter toute confusion dans l'esprit du lecteur, de définir exactement la signification des mots *sérail* et *harem* qui sont pris souvent l'un pour l'autre et que moi-même j'ai déjà employés et que j'emploierai peut-être encore comme à peu près synonymes.

Sérail ou seraï signifie palais. Ce nom est donné à la résidence du souverain, ainsi qu'aux résidences des gouverneurs de chaque province. Par ce mot sérail on entend l'ensemble des bâtiments habités, soit par les hommes, soit par les femmes. La partie la plus étendue de ces habitations est réservée aux femmes et prend le nom de harem. Le reste est occupé par les hommes et sert aussi de lieu de réception. De là vient la dénomination de *selamlik* qui veut dire salle de cérémonie. Au palais du sultan cependant le nom de selamlik a été remplacé par un autre plus pompeux mais analogue, celui de *mabëin* impérial.

Le sérail, séjour habituel de Sa Majesté, est un vaste édifice en marbre, quatre fois aussi grand que le palais d'hiver de Saint-Pétersbourg. Les trois quarts de cette enceinte sont consacrés au harem, tandis que le mabëin n'est en quelque sorte qu'une annexe au reste de l'édifice. Entre le mabëin et le harem s'étend l'immense salle qui, avec ses escaliers et sa porte d'honneur, est ouverte aux réceptions officielles des souverains, des ambassadeurs, etc.

Indépendamment du corps principal, le sérail comprend aussi une quantité de bâtiments accessoires, tels que casernes, cuisines, écuries, remises, etc. Tout cet ensemble de constructions constitue une sorte de petite ville qui longe le Bosphore, sur une étendue d'au moins deux kilomètres.

Un autre point sur lequel je dois quelques explications à mes lecteurs, c'est celui de ma compétence comme cicérone chargé de les introduire dans le palais impérial. On se défie avec raison des ciceroni, des écrivains surtout qui souvent vous racontent leurs voyages en Perse, en Cochinchine, dans l'Arabie déserte ou Pétrée, sans y avoir jamais mis le pied, et dont les études ethnographiques peuvent être classées parmi les contes des *Mille et une Nuits*.

Le seul moyen d'inspirer la confiance, c'est de se décider dès le début à ne rien dire que la vérité, la pure vérité. Ainsi j'avoue tout franchement que je n'ai jamais eu le bonheur d'entrer dans le harem impérial. Ni mes fonctions ni mon grade d'officier d'état-major ne me donnaient accès dans une enceinte sévèrement fermée à tous les profanes. Ce n'est donc que par des relations suivies avec les gens du dehors que j'ai pu me renseigner minutieusement sur ce qui se passe au harem impérial et sur le genre de vie qu'on y mène. Il y avait, parmi les habitués de notre maison, plusieurs femmes et plusieurs eunuques du sérail avec qui nous nous trouvions sur un pied d'intimité ; dans les entretiens prolongés auxquels cette intimité donnait lieu, nos hôtes nous racontaient familièrement les nouvelles du jour et les évènements du palais ; de sorte qu'avec un peu d'intelligence et grâce à une excellente mémoire, je puis me vanter d'avoir visité le sérail tout entier sans bouger de chez moi.

Je me trompe cependant : j'ai eu l'honneur, à deux reprises, de faire partie de l'escorte qui accompagnait les dames du sérail à la campagne. J'eus tout le loisir ces jours-là de me rendre compte des habitudes et des mœurs du palais ; car les rideaux des tentes laissent quelquefois passer plus de secrets que les murailles et les portes en fer.

Quant à la cour masculine du *mabëin*, celle-là m'est parfaitement connue, car j'en ai visité tous les coins, depuis l'appartement des eunuques jusqu'aux casernes et aux écuries.

Ces explications données, j'entre aussitôt en matière.

II

L'INTÉRIEUR DU HAREM

J'ai dit plus haut que le souverain et son entourage formaient un monde à part, qui n'a rien à faire avec le reste du pays. Pour que cet isolement fût possible, il fallait, en écartant l'élément indigène et national, le remplacer par une population étrangère, celle du harem surtout, cette cour féminine du souverain.

C'est ce que l'on a fait et ce que l'on continue de faire en recrutant de tous côtés des esclaves circassiennes, géorgiennes, grecques, pour composer la phalange féminine, chargée de la haute mission de charmer le sultan et de propager sa dynastie. Les esclaves sont achetées dès leur bas âge, afin qu'on puisse les élever d'après les idées et les mœurs du sérail qui devient leur seule famille, leur vraie patrie.

C'est de cette manière que se transmettent de génération en génération, les traditions de la cour ottomane. Les vieilles femmes ont acheté et dressé les jeunes, et leur apprennent à acheter et à dresser celles qui les suivront.

L'expérience a démontré qu'il est impossible de rassembler un millier d'hommes sous un même toit sans recourir à des règlements qui les assujettissent à une organisation rationnelle. Si cette discipline est nécessaire pour les hommes, combien ne l'est-elle pas plus encore pour des femmes dont les passions, sourdes mais ardentes, sont un ferment des plus dangereux ? Les sages de l'Orient ont reconnu cette vérité ; aussi, en peuplant les grands harems de femmes par centaines, ont-ils jugé à propos de se modeler sur les harems privés, où les maris à trois ou quatre femmes savent gouverner leur ménage et y maintenir l'obéissance. Ce qu'ont fait sur une petite échelle les maîtres des harems bourgeois, les sultans ont dû le faire dans des proportions bien plus larges. Pour entretenir et maîtriser des milliers de femmes, il leur a fallu forger toute une constitution avec ses lois, ses règlements et ses degrés hiérarchiques. L'établissement d'une hiérarchie était d'une nécessité absolue ; sans cela, comment marquer le poste que tel ou tel membre du harem devait occuper, et déterminer les devoirs qui incombaient à chacun d'eux ?

Cette constitution qui régit le harem impérial n'est pas l'œuvre d'un fondateur plus ou moins renommé ; les circonstances et le temps l'ont faite ce qu'elle est, et elle s'est maintenue ainsi par les traditions et la routine. La hiérarchie du harem impérial offre un cadre aussi régulier que celui de toute autre organisation sociale ; elle a ses hauts dignitaires, ses rangs intermédiaires et ses subalternes : elle reconnaît des droits d'ancienneté, des lois d'avancement et des titres à certaines récompenses. Mais la faveur est naturellement le grand mobile et aussi le grand écueil de ce mécanisme administratif. Pouvait-il en être autrement quand le chef suprême de ce corps artificiel est un homme, et que les éléments qui le composent sont des femmes, de jolies femmes ?

Pour donner une juste idée d'une cour féminine si singulièrement ordonnée, le meilleur moyen est d'en tracer un tableau hiérarchique, où le système dont il est l'expression prendra une forme visible et palpable. L'almanach de Gotha n'a rien de pareil. Voici ce tableau :

LE HAREM DU SULTAN

1° *La sultane Validé* (mère du sultan).
2° *La Hasnedar Ousta* (grande maîtresse du trésor).
3° *La Bach-Kadine* (1re femme du sultan), les 2e, 3e et 4^e

Kadines.
4° *La Bach-Ikbal* (1re favorite de S. M.), les 2e, 3e, etc. *Ikbals.*
5° *Les Guieuzdés* (les demoiselles aspirantes, on soupirantes).
6° *Les Kadines-Effendis* (mères de quelque prince ou princesse).
7° *Les Sultanes* (Princesses du sang non mariées).

Chacune des sultanes et des grandes dames ci-dessus possède de son côté une cour particulière que l'on appelle *daïra*, et qui se compose des femmes de sa suite. Pour montrer sur quel pied ces cours de second ordre sont organisées, nous donnerons ici le cadre de l'entourage de la sultane Validé, car toutes les autres sont calquées sur le même modèle, quoique dans des proportions plus modestes.

Sa trésorière ;
Sa 1re secrétaire ;
Sa 1re garde des sceaux ;
Sa 1re maîtresse de la garde-robe ;
Sa 1re dame pour lui verser de l'eau ;
Sa 1re dame pour lui offrir le café ;
Sa maîtresse des sorbets, etc.

En tout, une douzaine de grandes dames, ayant le titre de *kalfas* (maîtresses).
Chacune de ces kalfas a sous sa dépendance un certain nombre de jeunes élèves qu'on nomme *alaïkes* (esclaves). Ces alaïkes, âgées de quinze à vingt ans au plus, constituent l'échelon inférieur de la hiérarchie.
Elles participent au titre et à la qualité de la kalfa qu'elles servent.

Ainsi pour la *kalfa 1re secrétaire* : six *alaïkes ou petites secrétaires.*
Et pour la *kalfa 1re confiseuse* : six *alaïkes ou petites confiseuses.*
Or, comme toutes les kalfas ont chacune cinq ou six alaïkes, il en résulte que les douze kalfas de la Validé ont ensemble au moins une soixantaine d'esclaves et que la cour de Son Altesse Impériale compte plus de soixante-quinze femmes de tout âge.

Cependant, de ce que la cour de la sultane Validé se compose d'un pareil nombre, il n'en faut pas conclure que les quatorze ou quinze autres cours, appartenant aux épouses, aux favorites, aux sultanes, etc., soient montées sur le même pied. Chacune de ces dames n'a guère à son service qu'une vingtaine de personnes qui forment son cercle, ou daïre.

Néanmoins ces quinze cours, multipliées par vingt, donnent encore un chiffre de trois cents femmes, et si l'on y ajoute la *daïra* de la sultane Validé, on arrivera à un total d'au moins trois cent soixante-quinze ou, en nombre rond, de quatre cents femmes.

Quatre cents femmes ! voilà un chiffre qui paraîtra peut-être bien mesquin à ceux de mes lecteurs qui s'imaginent qu'un sultan doit en avoir au moins des milliers pour soutenir son rang dans le monde. Mais patience ! Je prierai ces messieurs et ces dames de suspendre leur opinion jusqu'à ce que j'aie eu le temps de compléter ma statistique. Enregistrons toujours nos quatre cents habitantes du harem, en attendant mieux.

Un mot encore cependant sur les augustes dames dont je viens d'indiquer les noms et les titres.

III

LA SULTANE VALIDÉ

Sous cette dénomination, la mère du sultan régnant occupe la plus haute place dans la hiérarchie du harem. Cette dignité correspond à celle d'impératrice ou de reine dans les pays européens. Mais pourquoi, dira-t-on, les sultans n'ont-ils pas eu l'idée de partager plutôt la splendeur de leur trône, comme les autres monarques, avec une de leurs femmes, ou du moins une de leurs favorites ? Plusieurs de ces princes y ont peut-être songé, mais le grand obstacle qu'ils ont dû rencontrer dans une réforme qui aurait élevé leur bien-aimée au niveau des autres têtes couronnées de l'Europe, c'est, il faut le dire, l'embarras du choix. « Entre les deux le cœur balance », dit un proverbe ; mais entre les quatre, que d'hésitations ne doit-il pas éprouver ? La crainte d'irriter les rivales écartées du trône et de les pousser à quelque extrémité n'est que d'un faible poids sans doute sur l'esprit d'un maître tout-puissant, qui possède des moyens de répression expéditifs et sommaires. La grande difficulté réside plutôt dans l'esprit de ce maître lui-même. Inconstant par nature, par devoir et par habitude, comment lui serait-il possible de se fixer par un choix définitif et irrévocable, et de couronner celle qui devrait pour toujours figurer dans l'almanach de Gotha, comme impératrice de Turquie ? N'oublions pas d'ailleurs qu'un pareil triomphe d'une femme aux dépens des autres serait une violation flagrante du Coran qui commande une égalité parfaite de traitement, d'égards et d'amour entre les épouses d'un même mari.

Toutes ces raisons ont fait de l'élévation de la mère du sultan au premier rang de l'État, une nécessité politique. Une fois appelée à cette dignité suprême, il fallut lui déférer tous les honneurs et tous les pouvoirs compatibles avec les coutumes de la société musulmane.

Ainsi les sultans exigèrent que toutes les habitantes du harem, depuis leurs femmes jusqu'à la dernière des esclaves, prêtassent serment d'une obéissance sans réserve à leur mère, chef suprême de la hiérarchie du harem. Pour dominer de plus haut encore toutes les autres femmes, elle obtint le titre de sultane par excellence, primant ainsi les autres princesses du sang, filles ou sœurs d'un sultan [7].

Le cérémonial qui entoure la personne de la sultane Validé lui assure tous les hommages qui sont dus à sa dignité. Il n'est permis à personne de s'asseoir en sa présence, et l'on ne doit jamais se présenter devant elle sans qu'elle vous ait accordé une audience. Une fois introduit auprès d'elle, il faut se tenir debout, les mains croisées sur la poitrine, et chaque fois qu'on lui adresse la parole faire une profonde révérence, en accompagnant ses réponses, selon le cas, de ces mots sacramentels : « Oui, notre dame ; non, notre dame. » L'étiquette veut aussi que toute femme en visite chez la Validé se présente en simple *antari*, ce qui équivaut à la toilette décolletée en usage dans les cours européennes. La favorite même du sultan ne se permettrait pas d'aller chez la Validé avec une pelisse sur le dos. Si c'est en hiver et qu'il fasse froid, tant pis pour elle.

À l'extérieur, les témoignages de vénération pour la sultane Validé ne le cèdent en rien à ceux qu'on lui prodigue dans l'intérieur du harem. Quand elle sort, la Validé traîne à sa suite un cortège vraiment princier ; tous les corps de gardes lui présentent les armes ; elle s'avance entre une double haie de pauvres et de mendiants prosternés qui prient la mère du padichah de vouloir bien intercéder pour eux auprès de son auguste fils.

Les grands et les riches ne se montrent pas moins respectueux que les indigents. Ainsi un ministre, même le plus puissant, se lèvera pour aller au-devant d'un message de S. M. I. Je me souviens d'avoir vu Reschid-Pacha, alors ministre de la guerre, s'empresser ainsi jusqu'à la porte de sa chambre pour recevoir le premier eunuque de la sultane Validé. Il prit avec les marques du plus profond respect le message qui lui fut délivré, sans oublier de l'élever sur son front, puis de le baiser tendrement, comme l'exige l'étiquette de la cour.

Dans le harem, c'est la Validé qui a la haute main sur l'administration et la discipline. Par conséquent, toute demande, toute requête, de quelque part qu'elle vienne, doit d'abord lui être soumise, et c'est à elle qu'il appartient de l'admettre ou de la rejeter. Si, par exemple, une des femmes du sultan désire aller passer un jour ou deux à la campagne, dans un des kiosques impériaux, il faut qu'elle adresse sa demande à la sultane Validé qui seule peut lui accorder l'autorisation nécessaire.

Pour le détail des affaires, la Validé s'en remet aux avis de ses conseillères.

IV

LA HASNEDAR OUSTA

La personne la plus importante du harem impérial après la Validé est la *hasnedar-ousta*. Cette dame, qui porte le titre de grande maîtresse du trésor, étend son autorité toute-puissante sur les femmes du sultan, les sultanes et toutes les habitantes du palais sans exception. C'est ordinairement une femme d'un certain âge qui doit son élévation à son rang d'ancienneté, aussi bien qu'à la faveur du sultan ou des sultanes qu'elle a eu l'habileté de se concilier.

La charge de *hasnedar-ousta* équivaut à celle d'intendante générale du harem. Elle donne à la titulaire un pouvoir absolu sur les personnes et les choses, en tant que la sultane Validé ne daigne pas s'en occuper elle-même. Aussi, toutes les fois qu'un sultan est privé de sa mère, c'est la *hasnedar-ousta* qui devient le premier personnage du harem et, dans ce cas, elle est investie du même pouvoir et des mêmes prérogatives que la sultane mère.

Dans l'exercice de cette haute influence qui s'étend même hors du palais, la grande-maîtresse dépasse quelquefois les justes limites. Ainsi l'hasnedar qui succéda à la mère du sultan Abdul-Medjid dans la direction du harem impérial, signala sa domination par sa honteuse tolérance pour tous les abus de cette période funeste. Au lieu d'opposer un frein aux débordements du vice et de la dissipation, elle les favorisa au contraire en relâchant les liens d'une sage discipline. Telle fut la part qu'elle prit au gaspillage des deniers publics que son premier *baltadji*, son confident et factotum, réalisa à lui seul un bénéfice net de sept à huit millions de francs. Ce baltadji se transforma dès lors en un petit potentat devant lequel tous les ministres et surtout celui des finances courbaient la tête.

Une des prérogatives de la *hasnedar-ousta*, et la plus enviée, c'est le droit de se tenir près du sultan lorsqu'il fait son entrée dans le harem. C'est alors qu'elle brille dans tout l'éclat de ses fonctions ; maîtresse des cérémonies, elle introduit dans la chambre à coucher du sultan celle des dames qui doit lui tenir compagnie. Cette dame attend debout que Sa Majesté se soit couchée. Alors elle relève du côté des pieds le bout de la couverture, le baise respectueusement et glisse sa tête au-dessous ; cheminant alors vers l'oreiller, elle vient ainsi se placer aux côtés du padischah ; cela fait, elle souffle la bougie.

Les femmes du sultan. – Sous cette désignation nous placerons toutes les femmes qui appartiennent au sultan, à des titres plus ou moins légitimes et réguliers. On a vu, dans le tableau de la hiérarchie du harem, trois catégories de femmes : la première se compose des *kadines*, les dames ; la seconde des favorites et la troisième des *guieuzedés*.

Pour la clarté des explications, il sera mieux, je crois, de renverser maintenant l'ordre hiérarchique et de commencer par le dernier échelon, pour remonter ensuite graduellement jusqu'au point culminant que peut atteindre une femme.

V

LES GUIEUZDÉS

Le premier degré qui sépare le commun des esclaves de celles qui sont appelées à gravir l'échelle scabreuse de la faveur impériale, est l'état de *guieuzdés*, mot qui signifie : *demoiselles dans l'œil,* ainsi nommées parce que, suivant une expression vulgaire en Turquie comme en France, elles ont donné dans l'œil du sultan.

Que le fait seul d'avoir attiré les regards de Sa Majesté constitue une situation, un bonheur en expectative, une distinction enfin, c'est ce que nos lecteurs auront quelque peine à comprendre ; il en est ainsi cependant ; il suffit que le sultan ait jeté un coup d'œil assez marqué sur une jeune fille, pour que celle-ci soit élevée sur-le-champ au premier échelon de la faveur, c'est-à-dire au grade de *guieuzdé* ou d'aspirante.

Mais comment arrive-t-il, me dira-t-on, qu'une fille de service, une simple esclave puisse donner dans l'œil du sultan ? – Voici ce qui se passe le plus habituellement : prend-il fantaisie au sultan de rendre visite à sa mère ou à l'une de ses femmes légitimes, la *daïra*, ou la cour de la personne visitée, est tout en émoi ; toutes les femmes se coiffent, se fardent et se préparent pour cette réception. Sa Majesté arrive et prend place sur le divan ou le fauteuil qui lui est destiné. On lui présente aussitôt, suivant le cérémonial d'usage, la pipe, le café, les sorbets, etc. C'est alors que les esclaves chargées de servir ces rafraîchissements ont l'occasion de s'approcher du sultan et de paraître devant lui dans tout l'éclat de leurs attraits naturels ou artificiels. Le padichah, qui est un homme comme un autre, ne peut s'empêcher, on le conçoit, de lancer une œillade d'amateur sur quelqu'une de ces jeunes houris qui lui versent son café, lui bourrent sa pipe et l'entourent de mille attentions délicates. Qu'on ne s'étonne pas si les œillades se renouvellent et attestent l'impression produite sur le cœur de Sa Majesté.

– Quelle est cette jolie blonde ? demande-t-il ; comment s'appelle-t-elle ?

Ces quelques mots ont suffi pour transformer la jolie esclave en *guieuzdé* ou demoiselle dans l'œil.

La sultane-mère ou la dame chez qui le sultan est en visite sait tout de suite ce qu'elle doit faire en pareille circonstance. Par un geste elle intime à l'esclave l'ordre de s'approcher et de baiser la frange du divan sur lequel est assise la personne sacrée de Sa Majesté. Après cette présentation officielle, la fille est déclarée *guieuzdé* ; elle quitte aussitôt la daïra de sa maîtresse pour aller habiter une chambre à part.

De cette situation à celle d'*ikbal* favorite, la transition s'opère d'une façon toute naturelle. Si le sultan se montre satisfait de sa nouvelle acquisition, la *guieuzdé* prend le titre d'*ikbal*, qualité officiellement reconnue et à laquelle est attachée une dotation mensuelle, avec les honneurs d'une cour et d'un établissement particulier.

VI

LES IKBALS

Les *ikbals*, ou favorites du sultan, figurent dans l'aristocratie du harem. Comme telles, elles ont chacune une daïra, composée de leurs esclaves et de leurs eunuques. La seule distinction qui existe entre elles et les *kadines* (les femmes légitimes), c'est que ces dernières ont un train de maison beaucoup plus imposant et que leur situation au palais est moins précaire. En effet, une favorite peut être congédiée dans les vingt-quatre heures, comme une servante ; il suffit au sultan de dire :
– Que je ne la revoie plus au palais !
Et elle disparaît.

Quand une *ikbal* est ainsi renvoyée, d'une façon plus ou moins polie, on la donne ordinairement en mariage à quelqu'un des chambellans du palais ou à quelque employé de la Sublime-Porte. La main d'une personne qui a eu l'honneur d'approcher le padichah de si près est recherchée par bien des gens, soucieux avant tout d'assurer leur carrière.

Une *ikbal* d'ailleurs n'est jamais renvoyée les mains vides ; presque toujours on la dote d'une pension sur la liste civile, en y joignant un trousseau complet, ainsi que le mobilier de l'appartement qu'elle occupait au sérail. Eh bien, malgré ces largesses, les *ikbals* ne tardent guère à connaître la misère ; et cela, par une raison bien simple, c'est que, pareilles aux créatures du demi-monde européen, ces femmes-là ne connaissent pas la valeur des biens qu'elles ont acquis si facilement, et quand elles commencent à les apprécier, il est trop tard : ces biens leur ont déjà glissé des mains pour ne jamais y rentrer. Les pensions qu'on leur accorde sont d'ailleurs mal assurées et cessent parfois d'être payées au bout de quelques années.

La première favorite ne possède aucune prérogative de plus que ses compagnes. Ce titre qu'on lui donne est illusoire et aussi passager que la faveur impériale.

Quant à déterminer d'une manière nette les traits qui séparent les demoiselles dans l'œil, les *guieuzdés*, des *ikbals* ou favorites, et celles-ci à leur tour des *kadines*, femmes légitimes, quant à préciser, dis-je, les nuances qui distinguent tel et tel degré de faveur, c'est une tâche au-dessus de ma capacité. À parler franchement, je n'y ai jamais rien compris, et je crois que le sultan lui-même n'y comprend pas grand-chose.

Comme une plume emportée par le vent, le padichah flotte au gré de ses passions tantôt d'un côté, tantôt de l'autre, et chaque objet sur lequel il s'arrête, il l'appelle ici *guieuzdé*, là *ikbal* ou *kadine*, sans trop savoir pourquoi. Cette variété de noms lui plaît.

VII

LES KADINES

Nous en venons aux kadines, les femmes reconnues du sultan. Je ne dirai plus les femmes *légitimes*, car les sultans n'ont jamais eu de femmes légitimes dans le sens exprimé par le Coran. Eux, les vicaires et successeurs du Prophète, devraient être les premiers à se conformer à la loi sacrée ; cependant ils ont toujours cru pouvoir se dispenser des formes légales et se passer de contrat de mariage et de témoins. Leur déclaration suffit pour constater que telle ou telle femme est leur épouse.

En supprimant pour eux-mêmes le mariage légal, les sultans ont aussi supprimé le divorce ; rien de plus logique ; car il ne peut y avoir de divorce où il n'y a pas eu de mariage. D'ailleurs les principes de la cour ottomane s'opposent à ce qu'une femme unie au sublime padichah, le représentant de Dieu sur la terre, puisse jamais se remarier avec un simple mortel. Et d'un autre côté, quel serait l'audacieux, l'impie qui oserait contracter cette union sacrilège ?

Cet impie s'est pourtant rencontré de nos jours ; c'est F***-Pacha, mon ancien chef d'état-major. Son crime d'ailleurs n'a été que la suite des atteintes que le sultan lui-même n'avait pas craint de porter aux saintes lois du Prophète.

L'histoire vaut la peine d'être racontée [8].

Pendant les premières années de gon règne, Abdul-Medjid avait pris l'une après l'autre quatre femmes (kadines) dont les mariages avaient été célébrés suivant la mode du sérail, le sultan remplissant à la fois le triple office de prêtre, de témoin et de mari. Les quatre femmes constituaient le lot conjugal attribué par la loi à tout bon musulman et qu'Abdul-Medjid avait le droit de s'adjuger. Mais, quelque temps après, le bon prince s'avisa que sa qualité de vicaire du Prophète lui donnait des prérogatives particulières et une certaine latitude dans la question matrimoniale, consacrée par l'exemple de son auguste prédécesseur lui-même. Il se crut donc autorisé à augmenter son harem d'une cinquième kadine, officiellement reconnue par lui.

« Il n'y a, dit un proverbe ayant cours dans toutes les langues, que le premier pas qui coûte. » À peine Abdul-Medjid avait-il pris sa cinquième femme qu'il songea à en prendre une sixième.

Voici comment les choses se passèrent :

Abdul-Medjid allait souvent rendre visite à une vieille princesse égyptienne, veuve d'un des fils de Méhémet-Ali. Cette dame avait auprès d'elle une jeune et charmante esclave circassienne, nommée Besmé, qu'elle avait adoptée comme sa fille. L'adoption en Turquie est un acte tellement respecté que l'adoptant est obligé de traiter l'adopté absolument comme son propre enfant, et que personne au monde n'oserait briser ou méconnaître un lien envisagé partout comme sacré.

Le sultan s'éprit de Besmé dont les charmes surpassaient, s'il se peut, l'idéal des poètes et des artistes. Il alla droit au but et pria tout simplement la princesse de lui céder ses droits de propriété sur l'esclave et de la lui envoyer au harem. Mais cette proposition n'eut pas le succès que le sultan en attendait. – Une mère adoptive, répondit la princesse, ne pouvait trahir à ce point les intérêts de sa fille. Elle ajouta, pour pallier son refus, qu'elle avait déjà pris des mesures pour marier convenablement Besmé, et qu'un trousseau magnifique était même préparé par ses soins. N'ayant pas d'enfant, dit-elle, j'ai placé toutes mes affections sur la tête de cette jeune fille, et je tiens à ce que ses noces soient célébrées avec un éclat digne d'elle et de moi.

À cela le sultan répliqua avec un admirable sang-froid :
– Est-ce que votre choix, madame, est déjà tombé sur un personnage qui mérite votre alliance ?

La princesse fut obligée de convenir que rien n'était arrêté à ce sujet.
– Eh bien, madame, répondit Abdul-Medjid, puisque vous cherchez encore un époux, je vous en offre un : c'est moi-même !

Ce fut un vrai coup de théâtre. La princesse en demeura un instant tout étourdie. Ces mots semblaient annoncer un mariage légal ; le sultan aux cinq femmes allait-il donc, en renonçant à ses prérogatives suprêmes, contracter une alliance entourée de formalités comme le dernier de ses sujets ? Les paroles qu'ajouta Abdul-Medjid ne laissèrent aucune place au doute :
– Préparez-vous, madame, dit-il, à recevoir les cadeaux de fiançailles ; demain ils vous seront envoyés.

La princesse n'avait plus qu'à baisser la tête, et à répondre par cette formule respectueuse :
– Seigneur, moi, Besmé, et toutes les *miennes*, nous ne sommes que les esclaves de Votre Majesté.

À peine le sultan fut-il de retour au palais que toutes les dispositions furent prises pour célébrer avec magnificence les noces impériales. Elles suivirent de près les fiançailles, et Besmé, la première femme légale d'Abdul-Medjid, fut installée au sérail comme sixième kadine.

Son règne et sa faveur ne furent pas de longue durée. Servinass-Kadine, la cinquième et avant-dernière, organisa bientôt une intrigue habile pour renverser sa nouvelle rivale et parvint si bien à brouiller le sultan avec elle, qu'un jour il prononça la parole fatale :
– Que je ne la revoie plus au palais !

Besmé n'avait plus qu'à faire ses malles. Mais comme son mariage était légal, il fallait aussi que le divorce fût prononcé légalement. Le sultan n'y trouva pas d'obstacles. Il fut ainsi le seul de tous les souverains de l'empire turc qui se soit donné la double satisfaction de prendre une épouse légitime et de se débarrasser d'elle par le divorce.

Cette kadine se remaria ; et ce fut elle, la sixième femme du sultan, que mon ancien chef, F***- Pacha, prit pour sa quatrième.

Pour en revenir aux kadines en général, il s'en faut de beaucoup que leur situation au palais soit exposée aux mêmes vicissitudes que la pauvre Besmé. Elles sont sûres, au contraire, quoiqu'elles ne soient pas légitimement mariées, de rester au sérail pendant toute la vie du sultan. Et même, après sa mort, elles gardent encore cette espèce d'auréole qui rend leur personne sacrée et qui leur défend de contracter une alliance morganatique avec qui que ce soit.

Leur existence au harem s'est pas aussi monotone ni aussi vide qu'on pourrait le supposer. Celles d'entre elles qui ont des enfants s'occupent de leur éducation et des soins qu'ils exigent ; telles qui n'en ont pas s'occupent d'elles-mêmes, c'est-à-dire de leurs toilettes, de leurs promenades, de leurs esclaves, etc. Mais par-dessus tout, l'intrigue prend le meilleur de leur temps ; cette occupation-là se connaît ni limites ni trêve. On intrigue au sérail comme nulle part ailleurs. Chaque femme intrigue d'abord pour son propre compte et ensuite pour ses maîtresses et patronnes, si elle en a. Chaque kadine représente une petite cour avec ses intérêts distincts et ses aspirations en lutte avec celles des autres. Si l'une d'elles est mère d'un petit prince, elle voit miroiter constamment dans un avenir plus ou moins éloigné l'image de cet enfant assis sur le trône, à côté d'elle-même devenue sultane Validé ! S'il lui est né une fille, la pensée qui la préoccupe et qui sert de pivot à toutes ses intrigues, c'est un brillant mariage pour sa petite sultane.

Nous touchons là une corde sensible et délicate, qui se rattache à la politique intérieure de l'empire ; question brûlante, s'il en fût, car il ne s'agit de rien moins que de la succession au trône. Le harem et les dames qui le composent jouent naturellement un grand rôle dans une affaire qui les touche de si près. En effet, chaque kadine qui a un fils est une aspirante au pouvoir suprême ; car chaque petit prince a la chance de devenir sultan à son tour ;

aussi toutes les personnes qui l'entourent (et sa mère surtout) se font-elles de son avènement au trône une véritable idée fixe, dont la réalisation est l'unique objet de toute leur vie.

Chaque jeune mère et les gens de son entourage forment donc une coterie qui s'agite, et travaille nuit et jour dans l'intérêt du petit prince. C'est pour eux une idole qu'ils entourent de soins et de caresses ; c'est l'objet d'un culte de tendresse tout spécial ; *arslan* (lionceau) est le petit nom dont on salue l'enfant impérial. Le sultan étant le lion des lions, une kadine appellera toujours son fils *arslanum*, mon petit lion. Parler autrement, ce serait violer l'étiquette de la cour.

Il y a donc au sérail autant de coteries que de prétendants ; actuellement ces coteries sont au nombre de sept. Chacune est un foyer d'action qui étend ses ramifications dans tous les sens, aussi bien au dehors qu'à l'intérieur du sérail ; car si les femmes et leurs princes sont partout en quête de partisans, de leur côté les amis du prince régnant veulent être au courant de ce qui se passe, et des deux parts les ambitions sont en lutte.

Ce que je viens de dire suffit, je crois, pour expliquer la fermentation politique qui règne dans le harem impérial et qui de là se répand dans l'administration, et pénètre même jusque dans les régions diplomatiques. On voit que ces diverses intrigues avec leurs complications laissent peu de repos à la population féminine du sérail, et que ces dames ne manquent pas de ressources pour conjurer l'ennui et exercer leur imagination.

Quant aux occupations plus frivoles, la variété leur fait défaut ; les kadines, comme les autres habitantes du harem, n'ont guère autre chose à faire qu'à s'habiller et à se promener. Il n'y en a pas une parmi elles qui s'occupe de lecture, d'art, etc. Si par hasard une kadine veut se livrer à un travail d'esprit un peu sérieux, elle fait appeler sa lectrice qui l'aide à passer une heure ou deux en lui narrant quelque conte merveilleux.

Parfois les kadines et les autres dames du harem sont prises d'un accès de dévotion. Pour satisfaire ce caprice né de l'oisiveté, elles font venir leurs femmes prêtresses (*khadjas*) et se font réciter quelques versets du Coran, qu'elles ont l'habitude d'accompagner par l'absorption de quelques sorbets et autres rafraîchissements. Les visites pieuses au tombeau d'un saint ou au couvent d'un derviche à la mode sont aussi des moyens de distraction, en même temps que des occasions de faire la charité et de gagner son salut. Chaque dame a son saint favori et ses scheiks préférés auxquels elle se fait un devoir d'envoyer de temps en temps des offrandes tant en espèces qu'en nature.

Le bien-être, le luxe et le faste d'une cour sent des avantages auxquels tout le monde est plus ou moins sensible. Aussi bien des gens penseront-ils qu'après tout une femme peut être fort heureuse au sérail, surtout si elle a eu la chance de devenir kadine, femme du sultan.

Eh bien non : des faits irrécusables prouvent que, malgré leur brillante situation, les femmes du sérail sont souvent malheureuses, au point de maudire le jour où elles ont mis le pied dans le palais.

J'étais très lié autrefois avec un certain Fazli-Bey dont la femme était sœur de la deuxième kadine d'Abdul-Medjid ; mon ami Fazli se trouvait donc beau-frère du sultan ; honneur considérable, mais dont il tirait peu de profit, car je l'ai toujours connu fort gêné. Sa femme, personne intelligente et active, trouvait cependant les moyens de suffire aux besoins du ménage, grâce aux fréquentes visites qu'elle allait faire à sa sœur la kadine, qui la renvoyait toujours les poches pleines. Un jour, il se passa chez elle une scène singulière, à laquelle nous assistâmes ma mère et moi. La femme de Fazli, qui s'était rendue le matin au sérail, en revint tout émue et troublée. Nous courûmes devant d'elle, impatients de connaître le résultat d'une démarche qu'elle avait dû tenter près de sa sœur. Elle ne nous laissa pas le temps de la questionner ; à peine eût-elle ôté son voile qu'elle s'écria :

– La kadine effendi refuse de les voir ! Jamais, dit-elle, elle ne recevra un père et une mère qui l'ont vendue ! Cependant elle leur a envoyé une petite somme, *un isham*, pour qu'ils s'en retournent chez eux, en Circassie.

C'était la réponse de la kadine aux instances de sa sœur en faveur de son père et de sa mère, qui étaient venus tout récemment de leur pays pour solliciter quelques secours de leur fille.

Ainsi, cette fille, toute sultane qu'elle était devenue, ne se croyait nullement obligée envers des gens qui, dans leur intérêt, l'avaient vendue comme du bétail.

Cette punition était bien méritée ; mais le ressentiment qui l'a provoquée nous prouve assez que la deuxième kadine d'Abdul-Medjid était loin de se trouver heureuse, en dépit du luxe et des honneurs qui l'entouraient. Il est clair que si elle eût été satisfaite de son sort, elle aurait pardonné à des parents qui lui auraient valu cette élévation, quels que fussent d'ailleurs les moyens employés par eux.

Et si celle-là souffrait, elle, une kadine, enviée, adulée, dont l'avenir était assuré, que devait-il se passer dans l'esprit des autres femmes ?

Du vivant de leur époux impérial, les kadines, comme aussi les favorites, passent leur temps dans une atmosphère de grandeurs, troublée par les intrigues et les rivalités. À la mort du sultan, toutes ces agitations disparaissent pour faire place au calme plat, et le silence de la tombe s'impose à celles dont l'existence est désormais inutile.

À peine Sa Majesté a-t-elle rendu le dernier soupir que ses épouses, ses favorites, toutes les femmes enfin dont le règne vient de cesser, sont tenues de déménager dans les vingt-quatre heures. Ce changement de scène est une vraie déroute, ou plutôt un naufrage, où chaque passagère tâche de s'accrocher à une planche de salut qui puisse la maintenir à fleur d'eau et l'empêcher de sombrer dans l'abîme de l'oubli, c'est-à-dire, au fond du vieux sérail. C'est là que sont reléguées celles des kadines et des favorites que leur stérilité avait déjà condamnées ; les mères cependant doivent rester sous le toit impérial ; car la raison d'État ne permet pas que leurs enfants soient soustraits à la surveillance de l'héritier de l'empire. Quant aux autres dames, il faut qu'elles disparaissent avec leurs esclaves et les femmes de leur entourage ; bien entendu que parmi ces dernières, il s'en trouve toujours quelques-unes qui, grâce à de nouvelles protectrices, trouvent moyen de se caser dans les *daïras* qui se reforment sur les débris des anciennes.

Le vieux sérail, situé à la pointe du palais, est un lieu triste et lugubre, un véritable tombeau où l'on enterre les gens tout vifs. Qu'on se figure un château du moyen âge, avec ses hautes murailles crénelées, ses étroites fenêtres, etc., le tout entouré d'une épaisse et sombre masse de vieux cyprès, et l'on aura une juste idée de la retraite qui retient prisonnières les déesses déchues du harem.

En dehors des appartements réservés aux femmes, le vieux sérail contient encore une suite de bâtiments où se trouvent le trésor impérial, la bibliothèque, la mosquée qui contient des reliques telles que l'étendard du Prophète, sa barbe, etc. C'est là, à l'ombre de ces souvenirs religieux, que les pauvres abandonnées de l'ancienne cour ottomane ont à subir une réclusion des plus sévères. Leurs sorties sont limitées au strict nécessaire, et leurs relations avec le dehors très étroitement surveillées. Ainsi le veut la défiance du nouveau maître, qui a dû souvent leur faire regretter la tendresse ombrageuse de leur défunt époux. Pauvres femmes ! ainsi placées entre la jalousie des morts et celle des vivants. Mais la raison d'État ne s'arrête pas à des considérations d'humanité. Chaque sultan se regarde comme le gardien responsable de l'honneur de ses prédécesseurs, et cette qualité lui impose le devoir de veiller de près à ce que les mœurs de ces princes, quel que soit leur titre, soient soumises à une réclusion et une surveillance rigoureuses.

Cette réclusion pourtant n'est pas à vie, et avec le temps les geôliers de ces dames se montrent plus coulants et se relâchent quelque peu de la sévérité de leur consigne ; mais cet adoucissement ne se montre que lorsque les détenues ont atteint l'âge respectable qui les met à l'épreuve des tentations. C'est alors, c'est quand l'aimable kadine a passé la cinquantaine, que le sultan régnant met galamment à sa disposition quelqu'une des résidences impériales, et lui laisse faire ce qui lui plaît.

« Mieux vaut tard que jamais ! » pourrait murmurer la pauvre femme, en respirant l'air libre pour la première fois.

Quant au sultan Abdul-Azis, on dit qu'il s'est montré d'une rigueur extrême à l'égard des femmes qui appartenaient à la cour de son frère et prédécesseur Abdul-Medjid. On assure même que quelques-unes de ces femmes, la kadine Servinass par exemple, ont été expédiées par ses soins, non pas au vieux sérail, mais dans un monde meilleur, où il leur sera tenu compte de cette fin prématurée, en expiation des excès de tout genre commis par elles pendant le règne d'Abdul-Medjid.

VIII

LES SULTANES

Dans notre tableau hiérarchique, nous avons placé immédiatement après les kadines les *sultanes*, ou princesses du sang non mariées. De celles-ci, nous n'avons pas grand-chose à dire, si ce n'est que la petite cour, ou daïra, de chacune d'elles sert à former les cadres des harems où ces princesses iront demeurer après leur mariage. Ces établissements se grossissent alors de la masse des esclaves qui sortent du grand sérail pour suivre la nouvelle mariée ; émigration d'ailleurs fort avantageuse pour les filles que la sultane veut bien prendre à son service, car aucune ne s'engage sans recevoir une assurance d'avancement ou d'amélioration de sa condition.

Les petits harems sont en quelque sorte des succursales du grand ; là se déverse le trop plein de la population féminine. Sans ces dérivatifs, le grand harem ne suffirait pas pour satisfaire l'ambition de toutes ses habitantes, et pour assurer un avenir à une telle agglomération de créatures humaines.

Il est à remarquer que les petits harems des sultanes sont organisés sur le même pied que le harem impérial, quoique dans des proportions plus restreintes. Aujourd'hui le nombre de ces petits harems est, je crois, de six à sept. Chacun de ces sérails secondaires est cependant assez important pour être considéré partout come un vaste et beau palais.

IX

LES SECRÉTAIRES

Parmi les hautes dames fonctionnaires du palais impérial, figurent les quatre secrétaires privées et intimes de Sa Majesté. On se demande ce que ces quatre dames ont à écrire, à moins que ce ne soit à elles que le sultan confie la tâche délicate de rédiger ses billets doux pour les autres.

À en juger par les quelque spécimens qui sont tombés entre mes mains, mesdames les secrétaires réunissent quelques aptitudes littéraires, l'imagination, par exemple, et l'élégance du style. Pourtant un érudit trouverait de sérieuses critiques à leur adresser ; rien d'étonnant à cela, car il est bien connu que la littérature turque présente des difficultés presque insurmontables.

X

LES NOURRICES

Parmi les personnages influents au sérail, n'oublions pas de mentionner les frères et sœurs de lait de Sa Majesté.

Cette parenté de lait a peu d'importance en Europe ; mais elle en a beaucoup en Orient, surtout parmi les musulmans. La considération qui s'attache à ce degré de parenté prend sa source dans un sentiment particulier des peuples orientaux ; ils croient qu'une mère a plus de droit à la reconnaissance de ses enfants pour les avoir nourris que pour les avoir mis au monde.

Aussi toutes les fois qu'une mère veut témoigner sa satisfaction à son fils bien-aimé, elle l'embrasse en s'écriant :
– Cher enfant ! comme tu as bien mérité le lait que je t'ai donné !

Si la mère a été remplacée par une nourrice, les droits de la première sont partagés avec la seconde, et l'enfant allaité par celle-ci la reconnaît hautement comme sa *mère de lait* : titre qui ne s'efface jamais. Aussi les mères de lait prennent-elles rang, comme leurs fils et leurs filles, dans la famille de ceux qu'elles ont nourris.

Le même usage se retrouve au sérail, avec cette différence pourtant que là, les nourrices sont des Circassiennes, des esclaves, et non des femmes du pays. Évidemment le sérail, qui n'admet dans son enceinte aucune femme libre, ne saurait faire d'exception pour les nourrices des princes, susceptibles de devenir un jour les mères de lait des sultans régnants. La raison d'État empêche donc qu'une simple sujette soit la nourrice d'un prince du sang. Mais en même temps cette raison d'État conduit la cour ottomane à violer la loi du Coran et, pis encore, les lois les plus sacrées de la nature.

Voici en effet ce qui se passe :

Du moment qu'il est défendu de prendre des nourrices du pays, il faut bien acheter des esclaves circassiennes et leur enfant par-dessus le marché. Or, ce trafic est des plus infâmes, car on traite alors avec quelque misérable qui vend à la fois sa femme et son enfant. Sous le rapport juridique, ce commerce est également réprouvé par le Coran, puisqu'une femme qui est mariée à un musulman ne peut être vendue.

Quant à l'enfant, lui non plus, étant né libre et musulman, ne peut être vendu sans une violation expresse de la loi.

Mais au sérail, où l'on ne peut ni se passer de nourrices, ni braver la raison d'État, tout doit être sacrifié à ces deux grands intérêts.

La nourrice du sultan (*taïa-kadine*) est une personne toujours très honorée à la cour, quoique ses fonctions soient bien limitées. Quant à ses enfants, ils acquièrent plus d'importance et de prestige à mesure qu'ils grandissent en compagnie du jeune prince, leur frère de lait. Lors de son avènement au trône, leur fortune est faite, et ce sont de grands personnages.

Abdul-Medjid avait une sœur de lait qui a joué un rôle des plus marquants sous son règne. Elle s'appelait et elle s'appelle encore Nahir-Hanum, nom qui a fait beaucoup de bruit à Constantinople, de 1840 à 1864.

Comme sœur de lait de Sa Majesté, cette femme avait l'accès libre auprès d'Abdul-Medjid ; elle réussit, par son esprit et par sa fermeté, à prendre un grand ascendant sur lui. Abdul-Medjid était doux, sensible, très délicat dans ses goûts, et la loi des contrastes le portait à rechercher dans le beau sexe les qualités opposées aux siennes. Aussi toutes les femmes qui ont joui de sa faveur furent moins des beautés que des femmes d'esprit, énergiques et courageuses, qui surent le captiver par les qualités viriles qui lui manquaient.

Or, Nahir était bien la femme de tête destinée à dominer partout, même dans le pays du Coran et des harems. Elle avait eu deux maris ; le premier, reconnu lâche à la guerre, avait été honteusement répudié par elle ; le second, paysan lourd et stupide qu'elle comparait à un ours, était en butte de sa part à toutes sortes de mauvais traitements, et elle finit par le mettre à la porte après l'avoir fait rosser par ses gens.

Bravo, Nahir-Hanum ! En voilà une qui venge son sexe des humiliations, des coups de bâton, des divorces, et de toutes les avanies auxquelles il est exposé dans ce pays !

Les deux maris chassés jetèrent les hauts cris, mais tout le monde se moqua d'eux et nul ne songea à prendre leur parti. Quel tribunal aurait osé procéder contre la sœur de lait du sultan ?

Nahir eut donc la liberté de se choisir un troisième mari, un effendi, employé à l'amirauté. Depuis quinze ans Nahir ne fait plus parler d'elle, ce qui donne à croire que l'effendi a su dompter enfin cette terrible virago.

XI

LES KALFAS ET LES ALAÏKES

Après avoir passé en revue l'une après l'autre toutes les sommités du harem, nous en venons à la masse des esclaves ; cette masse se divise en deux classes : les *kalfas* ou maîtresses, et les *alaïkes*, c'est-à-dire les élèves, les apprenties.

Les kalfas sont tout à la fois les mères, les supérieures et les institutrices de leurs adeptes. Ce sont elles qui achètent d'abord les jeunes esclaves avec les fonds dont elles disposent, et par ce droit d'achat la kalfa devient la maîtresse et la mère de l'esclave ; comme telle, elle est tenue de l'habiller, de la coiffer, de la laver ; elle prend soin de ses effets, garde son argent et s'efforce de l'aider en toute circonstance. C'est la kalfa aussi qui se charge, quand l'occasion s'en présente, de marier l'alaïke avantageusement, et une fois qu'elle est mariée, de veiller à ses intérêts.

Le lien étroit qui s'établit entre une kalfa et ses apprenties est un exemple touchant du rapport intime qui peut se former entre des êtres humains par suite de la sympathie que la communauté d'habitudes et d'intérêts a le privilège d'inspirer. Esclaves toutes deux, la kalfa et l'alaïke s'aiment et se soutiennent mutuellement, an point de ne jamais se séparer. Elles ne font en quelque sorte qu'un seul être ; et le mariage même ne saurait dissoudre cette union.

La kalfa enseigne à ses jeunes élèves les détails du service auquel elles sont destinées, et veille à la bonne exécution de ce service. Par exemple, la kalfa, qui exerce les fonctions de première *cavedji* (cafetière) de telle sultane, a soin que ses alaïkes préparent le café comme il faut et le versent à la sultane et à sa compagnie conformément au cérémonial de la cour. De même, elle et ses élèves nettoient et gardent précieusement les riches services à café qui sont confiés à leurs soins. Il y a tels de ces services en émail enrichi de brillants dont la valeur est considérable.

Parmi les kalfas il y en a de jeunes et de vieilles. Les vieilles ont depuis longtemps renoncé au mariage. Achetées pour le palais dès leur bas âge, elles se sont habituées à la vie du harem, qui est devenue leur élément naturel. Ce sont les gardiennes du foyer, les dépositaires des traditions et des usages qu'elles transmettent à celles qui devront leur succéder. C'est à elles aussi que sont confiés les objets de valeur appartenant au harem impérial, tels que châles, pelisses, broderies, parures en diamants ou en pierreries, argenterie, etc.

Quand une kalfa vient à mourir, c'est le sultan qui hérite de tout ce que l'on trouve chez elle, même de ses épargnes personnelles. De même, lorsqu'une fille qui est sortie du sérail meurt sans laisser d'héritier, c'est sa kalfa qui entre en possession de tous ses biens, car c'est elle qui l'a achetée et dès lors, d'après la loi, elle devient son héritière légitime, comme le sultan est l'héritier légitime de tous les esclaves (mâles ou femelles) achetés au nom du palais. Cette règle me paraît équitable ; il est juste en effet que tout ce qui est sorti du trésor retourne au trésor : sans quoi les caisses seraient bientôt vides.

XII

MUSICIENNES ET CORPS DE BALLET

Nous avons dit, au commencement de ce travail, que le sérail est un monde à part, qui vit de sa vie propre et qui doit s'efforcer de se suffire à soi-même. Comme les dames du sérail ne peuvent ni aller au théâtre, ni prendre part aux divertissements ou aux jeux publics, on a dû chercher à les en dédommager. D'ailleurs les sultans, de leur côté, aimant à s'amuser chez eux, entre quatre murs, tiennent fort à avoir sous la main tous les moyens de distraction possibles. À cet effet l'on choisit, parmi les kalfas et leurs élèves, les plus jolies filles et les mieux douées, pour leur faire étudier la musique, la danse et la pantomime. C'est ainsi qu'avec un peu de peine et beaucoup de dépenses, on parvint à former un orchestre, des chœurs, un corps de ballet et une troupe de comédiennes. La musique est au grand complet, comme celle d'un régiment de la garde, à cette différence près que ce sont des femmes qui battent la grosse caisse et qui soufflent dans les trombones.

Quant aux danseuses et aux comédiennes, celles-ci donnent des représentations où le genre voluptueux et abandonné de l'Orient est tempéré par l'art plus sévère et plus régulier de l'Europe. Ces représentations eurent lieu d'abord dans les salles du sérail, où quelques-uns des chambellans et des favoris de S. M. furent parfois admis. Abdul-Medjid fit un pas de plus, et par son ordre un joli théâtre fut construit tout exprès dans le voisinage du palais.

Mais comment s'y est-on pris, diront sans doute quelques-uns de mes lecteurs, pour enseigner les beaux-arts à ces Circassiennes, lorsqu'en Europe même on a tant de peine à recruter des élèves ? Rien de plus simple : on a engagé des professeurs comme Donizetti, Guattelli, et autres habiles maîtres, et on les a chargés de former des talents dignes d'eux.

Eh quoi ? s'écriera-t-on encore, est-il possible que le sultan ait introduit dans le harem des hommes et, qui pis est, des maîtres, et qu'il leur ait confié le soin délicat d'élever de jolies petites Circassiennes ? Eh bien oui : le fait a eu lieu, et il a lieu encore aujourd'hui, moyennant toutefois certaines restrictions et certaines mesures de précaution que la jalousie traditionnelle n'aurait garde de négliger.

Quand arrive l'heure des leçons ou des répétitions, les élèves sont rangées sur une seule colonne, escortée d'eunuques en tête et en queue. Cette troupe est introduite dans la salle où se font les cours, et là les jeunes filles reçoivent leurs leçons, sans que le professeur ose les approcher de trop près, ni qu'elles osent non plus rejeter leurs voiles en arrière. Il va sans dire que les plus coquettes d'entre elles risquent parfois un coup d'œil à l'intention de leur bon maître, mais ces libertés innocentes ne peuvent guère avoir de suites, car les eunuques sont là, prêts à réprimer toute indiscrétion qui semblerait dépasser les bornes.

Le total des demoiselles artistes s'élève à peu près à deux cents, ce qui est un assez joli contingent de houris mondaines, dont le talent aide le padichah à supporter les soucis que lui impose le fardeau de l'État. Je prie le lecteur de retenir ce chiffre et de le porter à l'actif du sultan, comme supplément à la statistique féminine que j'ai présentée plus haut.

XIII

ESCLAVES DE BAS ÉTAGE

Sous cette dénomination nous placerons les esclaves employées au travail manuel et au service pénible du harem. Il y en a de blanches et de noires. Les blanches condamnées aux bas ouvrages sont en général de ces fortes femmes aux formes herculéennes et peu gracieuses dont le type en Europe est la poissarde de la halle. Ces servantes font la grosse besogne du ménage, telle que la cuisine, la préparation des bains, les soins de propreté domestique, etc.

Au sujet de la cuisine, j'aurais quelques renseignements à donner qui ne me paraissent pas inutiles. Il est bon de savoir, par exemple, qu'il y a pour le sérail deux cuisines : l'une fonctionne dans le harem, l'autre est établie au dehors. Celle du harem est soumise à la direction des cuisinières noires, que l'on oblige à préparer tous les jours un dîner complet, composé de toutes les spécialités de leur art. La raison de cette exigence, c'est qu'il y a certains mets du pays dans la confection desquels les cuisinières noires surpassent de beaucoup le plus habite chef, et que si par hasard Sa Majesté ou quelque grande dame de la cour voulait absolument un de ces mets, on pourrait le leur servir à l'instant même. Ainsi, il est d'usage de présenter en même temps au sultan, comme aux grands personnages de la cour, deux menus séparés, l'un venu du harem et l'autre du dehors. On a prévu de cette façon l'embarras qui naîtrait d'un conflit d'ordres soudains et inattendus. Si, par exemple, Sa Majesté veut goûter d'un pilaf préparé par les cuisinières noires, au lieu de celui qui vient du dehors, les valets n'ont qu'à s'adresser au service du harem, et au même instant le mets demandé est placé sur la table.

Le sort des femmes de service, noires ou blanches, est assez triste ; il est vrai qu'elles sont fort bien entretenues, et qu'en quittant le palais, elles reçoivent toujours quelque bonne rétribution ; mais comme il est dans la nature humaine de porter toujours ses regards au delà de sa sphère, on conçoit que, parmi ces négresses et ces bonnes ménagères, il s'en trouve beaucoup qui voudraient bien devenir des kadines et des favorites. Et pourtant nous savons si ces dames-là sont heureuses !

La mère d'Abdul-Medjid, pur exemple, était une de ces femmes à tout faire ; elle s'occupait de chauffer les bains au palais. Le hasard fit qu'un jour elle se trouva face à face avec le sultan Mahmoud, au moment où ce monarque entrait aux bains. Un caprice passa comme un éclair dans l'esprit du sultan, et sans autre cérémonie la ménagère reçut de Sa Majesté la haute distinction de kadine. Il est plus que probable que quelques minutes plus tard le sultan se repentit de sa précipitation ; mais le mot était dit, et le résultat fut que cette kadine d'occasion mit au monde un prince, et que quelques années plus tard, elle fut proclamée Sultane Validé.

Quelle enjambée miraculeuse ! Du lavoir au trône ! C'est un vrai conte des *Mille et une Nuits*.

Pour en revenir aux femmes de service, leur nombre s'élève aussi à près de deux cents. Il est temps à présent d'additionner tous les chiffres de la population féminine du harem, et je trouve un total approximatif d'un millier de femmes, au lieu des quatre cents, chiffre modeste présenté d'abord au lecteur. Mille femmes ! c'est une jolie collection ! Encore dans ce compte n'entrent pas celles qui sont reléguées dans le vieux sérail, ni celles qui sont attachées aux petits harems particuliers des sultanes, quoique, à parler strictement, on doive les considérer toutes comme faisant partie de la grande agglomération féminine ; car elles dépendent en tout et pour tout du harem impérial et de la liste civile.

Voilà donc une masse de femmes que l'on peut, sans

exagération, évaluer à deux mille, un vrai régiment de trois bataillons qui coûtent, au bas mot, autant que vingt bataillons.

XIV

DISCIPLINE

Nous avons terminé l'inspection du personnel. Un mot maintenant sur le régime disciplinaire en vigueur au sérail.

Il faut dire que dans le harem impérial tout est réglé à la minute. Une machine en bois avec des battants en fer sert de sonnerie pour marquer le réveil, le coucher, l'heure des repas, etc. Les kalfas sont installées dans des chambres à part, tandis que leurs élèves couchent dans des dortoirs, absolument comme des pensionnaires. Chaque fille au dortoir a sa couchette, sa commode et sa toilette. Pour les repas, aucun ordre méthodique n'est adopté ; chaque groupe se nourrit à son tour des restes de la table de Sa Majesté : ainsi, après que les kalfas sont rassasiées, les alaïkes se jettent comme des loups affamés sur le service qui est resté par terre. Chacune de ces filles saisit un plat, et se retire dans un coin pour manger à son aise.

Ce n'est pas là pourtant dîner à la turque, car dans les ménages privés, la bienséance impose une certaine méthode et un certain décorum. Il faut croire que les filles du palais regardent comme au-dessous d'elles de se prêter aux convenances ; et ce qu'il y a de pis, c'est qu'une fois mariées, elles ne peuvent plus se défaire de cette avidité gloutonne qui les rabaisse au niveau des fauves. On peut dire non pas qu'elles mangent, mais qu'elles dévorent.

La discipline se maintient au sérail par des mesures répressives et des punitions corporelles. Les premières consistent dans des refus de sortie et dans la mise aux arrêts forcés. Les punitions corporelles se définissent par le mot *tabandjé* qui signifie la bastonnade sous la plante des pieds ; peine dont l'usage remonte aux janissaires du vieux temps.

Dans ce siècle cependant où l'esprit de réforme se glisse partout, la bastonnade a subi une modification sensible, au moins pour la patiente. Il n'est plus question de frapper les jeunes filles sous la plante des pieds, an risque de les estropier. Les coups s'adressent ailleurs ; mais il me serait difficile de préciser l'endroit où s'exerce ce châtiment corporel ; bien entendu que le bâton a fait place à des verges. Ce sont les eunuques qui sont chargés de l'exécution des sentences.

L'*étiquette*. – La cour ottomane a des règles d'étiquette très nombreuses et très compliquées. Il faudrait, pour les énumérer en détail, avoir passé plusieurs années dans le harem impérial. Je me bornerai à en citer une dont la rigueur est exemplaire.

Un usage ancien veut que personne au palais n'ait le droit de porter des pelisses, des châles, des fourrures, etc. ; une toilette à demi décolletée est la mise réglementaire. Les seules femmes qui aient le privilège de se couvrir chaudement et de se vêtir comme bon leur semble, sont les princesses du sang et les kadines, femmes du sultan. En vertu de cette loi, les kalfas, leurs élèves, etc., parcourent incessamment les salles et les grands escaliers en marbre, exposées à tous les vents, sans autre protection pour leurs épaules qu'un mince et léger *entari* (fichu transparent). En été, cette tenue d'étiquette n'offre rien que d'agréable, mais en hiver, c'est une cause perpétuelle de rhumes et de pleurésies pour de pauvres filles obligées de rester des heures entières à attendre les ordres de leurs maîtresses.

XV

PROMENADES

Passons maintenant à un sujet plus divertissant, et occupons-nous des promenades et autres échappées des dames du sérail. On croit généralement en Europe que les habitantes du harem sont enterrées entre quatre murs, et qu'elles ne se hasardent jamais en dehors de leurs grilles. C'est une erreur. Les *séraïlis* (femmes du sérail) courent de droite et de gauche, tout autant que leurs sœurs d'Occident, et voici comment les choses se passent : elles obtiennent de leurs maîtresses ou de leurs kalfas la permission de se rendre à tel endroit. Ou ces dames les accompagnent, ou elles les laissent aller seules, en les confiant à celle de leurs compagnes que l'on regarde comme la plus sage, si toutefois il s'en trouve une parmi toutes ces têtes folles. Enfin elles s'entassent dans leur voiture et franchissent les grandes portes du sérail, sous l'escorte de deux *baltadjis* (domestiques) qui se tiennent aux deux portières. Ces serviteurs marchent à pied tout le temps, la main posée sur la portière ; et si par hasard ils restent en arrière, ils ne doivent jamais perdre de vue la voiture. Cette surveillance, sévère en apparence, n'est au fond qu'illusoire ; car, une fois hors de la vue du palais, les femmes savent s'arranger pour aller où bon leur semble.

En hiver, les lieux de promenade les plus fréquentés par les voitures du sérail sont le grand bazar, la place du sultan Bayezid à Stamboul et, en face, les maisons de Top-Hané. En été, ces dames vont de préférence partout où l'on trouve du monde et des promeneurs, et comme il y a chaque jour quelque nouveau point de réunion pour la foule, c'est là qu'on est sûr de voir apparaître leurs voitures.

Toutes ces excursions, vous pouvez le croire, n'ont pas un but purement innocent, comme des emplettes, des affaires, etc., mais elles servent parfois de prétexte à des entrevues plus ou moins rapides et à toute sorte d'intrigues. Nos recluses ont tant de goût pour ce genre de passe-temps, que souvent elles sortent tout exprès pour attirer les regards par mille agaceries provocantes. Qu'un jeune homme passe près de leur voiture, elles lui adressent de petits signes qui le retiennent à leur suite et le font marcher derrière elles pendant des heures entières ; puis tout à coup elles font intervenir leurs domestiques, ou bien elles partent au galop, laissant sur place leur admirateur tout penaud.

Et ce n'est pas par méchanceté qu'elles agissent ainsi. Les femmes du sérail ne sont pas méchantes ; au contraire, les bons instincts prédominent chez elles. Mais le défaut dominant chez elles c'est la coquetterie. Aussi, quand elles sont de bonne humeur, n'hésitent-elles pas à recevoir des mouchoirs, des bonbons, et même de petits billets doux écrits sur du papier rose, soigneusement ficelé.

Comme on le voit, ces prisonnières si bien gardées ne se gênent guère dans l'occasion. Des femmes de la ville, des bourgeoises n'oseraient se permettre de telles libertés. Quant aux domestiques et aux surveillants, ils sont souvent condamnés à un triste rôle : courir après des femmes échappées, il y a de quoi perdre la tête. Ceux qui ne la perdent pas s'arrangent pour profiter de leur situation, et empochent volontiers ce qu'on leur donne, à la seule condition de fermer les yeux. Voudraient-ils d'ailleurs agir autrement, ils ne le pourraient guère ; les femmes trouveraient quelque raison pour se plaindre d'eux et se faire donner des serviteurs plus complaisants et plus dociles.

XVI

EXTERNATS

Une des particularités des mœurs du sérail, c'est l'externat ; mais non pas dans le sens qu'on attache à ce mot en Europe.

L'externat ici est une mesure d'hygiène, appliquée aux femmes qui ont besoin de retremper leurs forces par un changement d'air et de régime ; c'est l'équivalent des villes d'eaux et des bains de mer. Ces changements d'air sont très appréciés au harem ; ce sont d'excellentes occasions pour les femmes de mener à bien leurs petites intrigues ; aussi ne faut-il pas s'étonner si elles se plaignent de maux de nerfs et de migraines, maladies à la mode, au harem comme ailleurs. Là aussi se trouvent des médecins, dupes ou complices, comme toujours ceux d'Europe, qui se laissent arracher des ordonnances pour telle ou telle maladie, qu'il faut absolument aller guérir au *Timar*. *Timar*, en Turc, veut dire pansage et s'applique à l'art trivial de panser les chevaux ; mais on l'a détourné de son sens primitif, pour lui donner une acception plus élevée, et le Timar est devenu un pansage moral qui soigne les affections du cœur et qui à ce titre est réclamé par une foule d'intéressantes malades. Les établissements où elles vont passer les quinze ou vingt jours de leur cure sont tout simplement des maisons bourgeoises où, libres pour un temps et affranchies de la surveillance du harem, elles jouissent des loisirs et du sans-façon de la vie commune. Les propriétaires de ces maisons ont avec le palais des relations de vieille date ; ce sont en général d'anciennes habitantes du sérail, qui en sont sorties pour se marier en ville.

Ces ménages spéculent d'ordinaire sur l'hospitalité du Timar ; et si les femmes qu'ils reçoivent sortent presque toujours du sérail les mains pleines, c'est pour y rentrer les mains vides. Personne ne connaît moins la valeur de l'argent que ces cloîtrées du harem. On peut leur céder une poignée de noisettes pour vingt francs, et elles croiront avoir fait une bonne affaire. Heureuse simplicité ! on pourrait dire même : heureuse innocence ! si dans certains cas, en Turquie, ce mot n'était synonyme de dégradation !

XVII

INTERMÉDIAIRES. – EUNUQUES. – BALTADJIS. DOMESTICITÉ INFÉRIEURE

Nous avons rangé sous ce chapitre tout le personnel masculin et neutre qui dessert le harem impérial et qui le met en rapport avec le monde extérieur.

Les eunuques. – Les eunuques sont les principaux agents de ces relations : chacune des petites cours, ou daïras, dont nous avons parlé, emploie un certain nombre d'eunuques, dix ou quinze environ, qui vont et viennent librement dans le harem pour porter les messages et les ordres des dames. Le service est fait par eux à tour de rôle ; mais il n'y a que leur chef qui ait le droit de se présenter devant sa maîtresse et de recevoir directement ses ordres.

Chaque sultane, comme aussi chaque kadine, a son premier eunuque (son premier gentilhomme), lequel est investi d'une grande autorité sur le personnel de sa cour.

En remontant cette hiérarchie, on trouve en tête le premier ou le grand eunuque du palais impérial, un très haut personnage qui tient le rang de maréchal d'empire, et ne cède le pas qu'au grand vizir dans les cérémonies publiques. Le titre qu'il porte est bien singulier et mérite d'être enregistré ici : « *Le grand-maître de la porte du bonheur.* » C'est à lui en effet qu'est confiée la porte du harem.

Le nom de ce haut dignitaire figure officiellement dans l'almanach de Gotha, ainsi que dans le calendrier ottoman. Cependant, depuis quelques années on ne le trouve plus à son rang, c'est-à-dire, immédiatement au-dessous du grand vizir. Ce déplacement est assez étrange, et l'on ne pourrait se l'expliquer que si le premier eunuque avait été dégradé, rejeté au bas de l'échelle des honneurs ; mais, comme rien de pareil n'a eu lieu, il faut croire que le cabinet ottoman a voulu seulement dissimuler aux yeux des Européens un trait révoltant de son système hiérarchique, tout en laissant les choses subsister telles qu'elles sont.

Le premier eunuque est, dans toute l'acception du mot, un pacha à trois queues, et il mène en cette qualité un train de maison vraiment princier. Il a son palais, ses gentilshommes, ses domestiques, ses équipages, ses chevaux, et naturellement aussi des appointements très considérables. Aussi ces personnages laissent-ils en mourant d'immenses richesses au sultan, leur héritier naturel.

Les premiers eunuques des kadines ont leur demeure près des dames auxquelles ils sont attachés, non pas, bien entendu, dans l'intérieur même de leur harem, mais dans une pièce adjacente. Ces messieurs, à leur tour, ont un grand train de maison et ne se refusent rien. Ce sont en général de bons vivants ; ils passent leur temps à jouer au tric-trac ou à d'autres jeux encore plus innocents. En général les eunuques sont amateurs de belles armes et de beaux chevaux. Ces goûts chevaleresques ont lieu d'étonner chers des êtres qui le sont si peu.

J'ai retracé ces détails d'après nature, ayant connu plusieurs de ces individus et passé des soirées entières avec eux. Pendant le Ramadan surtout j'étais invité souvent chez les gentilshommes des sultanes, par suite de l'intimité qui existait entre quelques personnes du palais et mes parents.

Les eunuques subalternes sont soumis à un régime de casernement. Ils couchent dans des dortoirs où chacun a son lit, sa commode et ses effets. Ces chambrées ont un aspect triste et mélancolique. Le manque d'argent rend les hommes soucieux et ces pauvres diables n'en ont guère.

Pour donner au lecteur une juste idée du genre de service des eunuques, je leur citerai un fait dont j'ai été témoin.

J'étais de garde, avec un détachement, au kiosque de Tchamlidjà, où une partie du harem impérial était venue passer quelques jours. Les dames avaient coutume de se promener chaque après-midi dans les champs qui s'étendent autour du kiosque. Une heure avant leur sortie, les troupes étaient consignées au corps de garde, tandis qu'une trentaine d'eunuques, armés de sabres et de cravaches, allaient battre la campagne dans

tous les sens, en criant à tue-tête :
— *Halvet var !* *Halvet var !*
— Garde à vous ! Garde à vous !
À ces cris, tout le monde devait se retirer et laisser libre tout l'espace entouré par ces jalouses vedettes. Ce cercle s'étendait aussi loin que la vue pouvait porter, afin d'empêcher qui que ce fût d'apercevoir les jolies promeneuses. Je suis sûr cependant qu'elles se sentaient plus gênées par ces sentinelles zélées qu'elles ne l'eussent été par mille lorgnons braqués sur elles.

Avant d'en finir avec les eunuques, disons qu'au sérail leur nombre est assez considérable. Je crois pouvoir l'évaluer à près de deux cents.

Baltadjis. — Les baltadjis, comme j'ai déjà eu occasion de le dire, sont des espèces de domestiques, ou laquais, au service des dames du harem. Le mot *baltadji*, qui signifie par lui-même coupeur de bois, sert à expliquer la nature du service qu'on réclame de ces gens-là. Comme les eunuques ont rang de gentilshommes et que d'ailleurs on se défie de leurs forces, on ne pouvait guère les employer à couper du bois et à en porter des charges dans les appartements. On fut donc obligé bon gré mal gré de requérir pour cette besogne des paysans dont la simplicité et la bonhomie offraient des garanties contre toute atteinte à l'honneur du harem.

Il paraît cependant que ces garanties ne parurent pas suffisantes ; car le sultan dut prendre des précautions plus sérieuses vis-à-vis de MM. les baltadjis. Un rescrit impérial imposa à leur corps un uniforme des plus étranges, bien fait pour prévenir chez eux tout espoir de séduction, et chez ces dames toute velléité de coquetterie. L'extravagance de ce costume consistait en un énorme collet, dont les pointes se rejoignaient par devant sur le front du baltadji, comme les œillères que l'on met aux chevaux pour les empêcher de voir à droite et à gauche. Ce collet restait ordinairement baissé, et ce n'était que lorsque les baltadjis s'approchaient du harem qu'il leur était enjoint de le relever pour s'en couvrir les yeux, en n'y ménageant qu'une petite ouverture par devant. Quand ils portaient du bois dans la cour ou les appartements du harem, des eunuques se mettaient à leur tête et criaient, sur tout le parcours, de cette voix aiguë qui leur est

propre :
- *Halvet var !* (garde à vous !)

Et la colonne s'avançait ainsi en sonnant l'alarme, pendant que les femmes tout effarées se réfugiaient dans les pièces voisines des appartements envahis, pareilles à ces oiseaux qui vont se heurter à tous les coins de leur cage, pour échapper à la main qui les poursuit.

Aujourd'hui encore tout se passe au harem comme je viens de le dire, et cette même alerte est donnée toutes les fois que les baltadjis vont porter du bois dans une pièce. La seule chose qui ait disparu, ce sont ces horribles œillères ; le collet des baltadjis est rabattu maintenant sur leurs épaules.

Quoique les baltadjis ne soient, à proprement parler, que de la valetaille, ce corps de portefaix a fourni jadis quelques hauts fonctionnaires à la cour ottomane. Ainsi, de gros paysans, venus au sérail pour couper du bois, en sont sortis, grâce à leurs rapports avec l'entourage du sultan, pour trancher les graves questions de la politique et pour gouverner l'État. Le fameux baltadji Méhémet-Pacha, celui qui fut sur le point de faire prisonnier Pierre le Grand et Catherine, avait commencé sa carrière au milieu de ces hommes de peine.

Mais le même fait ne pourrait pas se reproduire aujourd'hui. Tout ce qu'ont désormais à espérer les baltadjis, c'est quelque emploi administratif sans importance. Plusieurs d'entre eux cependant jouissent d'une certaine influence ; leur position intermédiaire entre les femmes du harem et les marchands du dehors leur procure des facilités dont ils savent tirer parti.

Les baltadjis, comme toute la gent subalterne du palais, sont organisés en une corporation (*Hodjak*) ayant ses chefs, son lieu de réunion et sa caisse particulière. Le nombre des baltadjis en activité peut se monter à deux cents individus, qui se partagent le service des différentes daïras ; ils reçoivent des pensions de retraite.

Les *tablakiars*. – Les tablakiars sont aussi des domestiques, chargés de porter les mets de la cuisine au harem, deux fois par jour, le matin et le soir. Ces repas voyagent dans de grands trains en bois, fermés par des couvercles en forme de coupoles. Les tablakiars n'entrent pas dans les appartements des femmes. Ils déposent leur fardeau à la porte de la daïra à laquelle ils sont attachés, puis, quand ils se sont retirés, les filles de service viennent prendre le dîner et le servent à leur maîtresse. Ces transports se font sous la surveillance des eunuques. Les tablakiars forment aussi une corporation qui ne dépasse pas une centaine d'hommes. Ce sont en général des paysans de l'Anatolie ; ils portent l'ancien costume : pantalon large, jaquette, etc.

Il convient de remarquer que la domesticité du palais est exclusivement composée de musulmans, comme le harem n'est composé que d'esclaves.

Cochers et bateliers. – Chaque daïra du palais emploie un certain nombre de cochers, de palefreniers et de bateliers exclusivement attachés à son service. Tous ces gens-là dépendent en dernier ressort de l'administration générale des écuries et du service maritime, quoiqu'ils reçoivent les ordres directs de la maîtresse de la daïra.

Parmi les cochers, on trouve exceptionnellement des chrétiens, de préférence hongrois ou allemands, à cause de la haute réputation d'adresse dont ceux-ci jouissent en Turquie. Les dames qui veulent être à la mode se donnent le luxe d'un cocher magyar, vêtu d'une redingote à brandebourgs.

Écuyers. – Ce personnage masculin, qui fait partie de la cour d'une kadine ou d'une sultane, n'a pas, comme on le pense bien, libre accès dans le harem. Il n'aperçoit guère que le pied de sa maîtresse au moment où elle monte en voiture ; son office consiste dans l'inspection des écuries et des remises, aussi bien que dans la surveillance du personnel qu'elles comportent.

Validé-Kiaiassi. – C'est le nom de l'intendant général de la sultane Validé. Les fonctions de ce régisseur ne se bornent pas à la direction des affaires de la Validé ; elles embrassent aussi la surveillance générale de l'administration du harem. Ce poste très important, comme on le voit, n'est confié qu'à l'un des principaux fonctionnaires de l'empire, dont la nomination a lieu par rescrit impérial.

Il va sans dire que cet intendant n'a rien à voir dans ce qui se passe derrière les portes et les jalousies du harem. Il contrôle surtout le budget des recettes et des dépenses, article dont il est responsable vis-à-vis du ministère des finances et des domaines de la couronne.

Les sultanes mariées ont aussi leur Kiaias, ou intendant spécial qui administre leur fortune. Quoique ces intendants soient ce qu'on appelle des hommes de confiance, ou ne peut guère se fier à leur habileté qu'en ce qui touche leurs propres affaires ; le résultat de leurs économies se fait voir surtout dans leur caisse.

XVIII

LE MABEÏN IMPÉRIAL

J'en ai fini avec le harem de Sa Majesté Impériale. Occupons-nous maintenant du *mabeïn*, c'est-à-dire de cette partie du sérail qui est réservée aux hommes. Il serait superflu et même fastidieux de passer en revue tous les emplois de cette catégorie tels que ceux de secrétaires, de chambellans, d'aides de camp, etc. Les titulaires de ces sortes d'offices sont à peu près les mêmes dans toutes les cours. Bornons-nous à ce que la cour ottomane nous offre de curieux et d'original.

Premier barbier. – Pour apprécier au juste le degré d'importance qui s'attache au titre de barbier du sultan, il est bon de connaître la différence qui existe entre les manières de voir des Orientaux et des Occidentaux, au sujet de la barbe.

En Occident, la barbe est regardée comme un ornement secondaire, souvent même comme une superfluité dont on a hâte de se débarrasser. En Orient, au contraire, elle est l'objet d'une grande considération ; on jure par la barbe du Prophète, et c'est faire une mortelle injure à quelqu'un que de s'en prendre à sa barbe ; le respect de cet appendice est même poussé à un tel point que lorsqu'un homme se décide à laisser croître sa barbe, il a coutume d'inviter ses amis à venir solenniser cet évènement par des prières toutes spéciales. On appelle cette cérémonie : *sakal-*

douasi, ou la liturgie de la barbe. Ces prières une fois faites en commun, celui qui les a demandées se rendrait coupable de sacrilège s'il se faisait raser de nouveau. La barbe de tout individu étant ainsi regardée comme sacrée, que sera celle d'un personnage déjà sacré par lui-même ? Et le personnage qui jouit de l'insigne privilège de promener ses mains sur les saints poils de la face de Sa Majesté, ne recevra-t-il pas à son tour de ce contact une auguste consécration ?

On comprend dès lors que le premier barbier du sultan prenne rang parmi les grands personnages. Son importance survit même à ses fonctions : un ex-premier barbier a droit à toute sorte de dignités, par exemple, au gouvernement d'une province. L'un d'eux que j'ai bien connu, Emin-Agha, fut nommé gouverneur de Yusgat. On suppose sans doute que l'habile homme qui a su tailler la barbe du maître, saura tondre également bien ses sujets. Emin-Agha n'y a pas manqué ; tout le monde en convient.

Kouschtji-bachi. – C'est l'emploi de premier dégustateur de Sa Majesté. Ce fonctionnaire est chargé de la mission délicate de surveiller la table du prince. C'est lui qui répond de la qualité des mets qui lui sont servis et qui garantit Sa Majesté contre tous les dangers, non pas de mauvaise nourriture, mais d'empoisonnement.

La manière dont cet officier s'acquitte de ses fonctions est assez bizarre pour qu'on en prenne note.

Le premier dégustateur doit se trouver à la cuisine pendant qu'on y prépare le dîner du sultan. Quand les plats ont été disposés dans la caisse, il les enveloppe d'une couverture qu'il a soin de clore hermétiquement et de sceller avec de la cire rouge, pour bien s'assurer que le transport arrivera intact. Cette formalité remplie, il fait porter le dîner dans la salle à manger et présente lui-même les plats à Sa Majesté, après avoir eu soin d'y fourrer le doigt et de se le lécher en recommençant l'épreuve à chaque nouveau mets.

On comprend ce que cette formalité a de rassurant pour le sultan ; autrement le cœur pourrait lui manquer au moment d'entamer son repas ; mais grâce au bon exemple que lui a donné le *Kouschtji-bachi*, le voilà mis en appétit.

Bouffons. – Jadis presque tous les souverains s'entouraient d'une troupe de bouffons à gages, chargés de les distraire et de les égayer. Les sultans seuls n'ont pas encore songé à supprimer cette dépense. L'eussent-ils voulu d'ailleurs, ils n'auraient pu le faire ; car avant de congédier les bouffons, il aurait fallu supprimer l'oisiveté et les longues journées vides où se consume la vie de nos seigneurs les sultans et les pachas. Or, comme ni les uns ni les autres ne veulent entendre parler de travail, de ce travail qui exige chez les gouvernants une application assidue, le désœuvrement amène l'ennui ; et l'ennui les livre aux bouffons.

Ce métier est fort recherché à la cour ; aussi les amuseurs de profession y affluent-ils de tous côtés pour mettre leurs talents à la disposition du padichah et de son entourage. Ils ont là de quoi vivre à l'aise, car ils y sont nourris et entretenus, sans compter les gratifications qu'ils savent escamoter par quelque tour de passe-passe plus ou moins comique. En général, cependant, ils ne restent pas longtemps au sérail ; comme leur genre d'originalité s'émousse assez vite, ils saisissent pour disparaître la première occasion d'une charge quelconque à remplir, sorte de sinécure qu'on leur accorde comme pension de retraite.

Les nains font naturellement partie de la troupe des bouffons. J'ai déjà parlé d'eux à l'occasion de mon article sur l'esclavage ; il me reste à dire un mot sur la manière dont on se divertit aux dépens de ces êtres disgraciés, et sur les mille tours qu'on se plaît à leur jouer. Un des plus plaisants que je connaisse, c'est de cacher un nain au milieu d'une chaudronnée de *pilaf* (riz cuit). On prend, par exemple, un grand chaudron à deux manches, au milieu duquel on a ménagé une petite niche en carton où le nain doit se blottir. Cela fait, on garnit et on recouvre le chaudron avec du riz et on le place au milieu des convives qui attendent, la cuiller en main, l'arrivée de ce mets de prédilection. Tous s'empressent alors de fouiller à qui mieux mieux dans ce monceau de pilaf ; mais à peine en ont-ils pris quelques cuillerées qu'un éboulement terrible se déclare au milieu du riz, d'où saute comme par un ressort un petit nain ruisselant de graisse et de sueur. L'apparition de cet être fantastique provoqué un sauve-qui-peut général et met brusquement fin au repas.

C'est naturellement le pauvre nain qui fait les frais de ce divertissement, et les dix ou quinze minutes qu'il passe dans sa niche, au-dessous du riz bouillonnant, équivalent à un bain de vapeur. C'est payer cher les restes du pilaf que les convives lui abandonnent.

Danses et jeux. – Un autre genre d'amusement auquel les bouffons et les nains prêtent ensemble leur concours, c'est une danse grotesque, appelée en turc *djourdjounà*, et qui consiste dans mille contorsions et grimaces, à l'instar des clowns anglais, ou des quadrilles burlesques exécutés dans les bals masqués européens. Pour que la farce soit complète, on a soin d'affubler les nains et les bouffons des costumes les plus baroques, en les coiffant d'immenses turbans en forme de poire, de citrouille, etc. Rien ne saurait dépasser le comique de ces exhibitions.

Lutteurs. – L'Orient a toujours eu un goût déclaré pour les exercices athlétiques. Au bon vieux temps, les sultans et les grands de l'empire couvraient ces jeux de leur patronage, et comblaient d'honneurs les lutteurs émérites. Aujourd'hui ce spectacle a un peu déchu de son importance ; cependant le sérail a conservé l'usage de donner des représentations de ce genre, et d'entretenir un certain nombre de lutteurs. On y voit maintenant encore une demi-douzaine d'athlètes qui ont tous acquis dans les provinces une certaine célébrité. Dès que leur réputation est établie, le sérail les engage à venir étaler leur savoir faire dans l'arène impériale, où doit se décider la prééminence entre les premiers lutteurs de l'empire.

Un autre genre d'amusement, pour lequel le sultan Abdul-Azis montrait une véritable passion, ce sont les combats de béliers et les combats de coqs. Sa Majesté entretient à cet effet un grand nombre de ces animaux. Ces combats sont fort courus et servent de prétexte à des paris très importants.

Astrologues. – Ces devins, dont la science occulte prétend lire l'avenir dans les astres, se retrouvent en Turquie après avoir disparu de l'Europe civilisée, et figurent encore parmi les dignitaires de la Porte Ottomane. Le premier astrologue a sa place marquée à la cour et donne des consultations sur l'influence des étoiles attachées à la destinée des hommes. Quoique cet art de divination ait beaucoup perdu de son prestige, on ne manque jamais d'y avoir recours lorsque le sultan ou quelqu'une des grandes dames du harem est sur le point d'entreprendre un voyage. Les savants calculs de l'astrologue (*munedjim-bachi*) précisent l'instant et la minute propices (*eschéréfi-sahat*) pour monter en voiture ou descendre en caïque.

Pourtant l'incrédulité moderne, qui commence à pénétrer jusque dans le palais, procure à ce digne personnage beaucoup plus de loisirs qu'il ne voudrait. Il les emploie à rédiger la partie astrologique de l'almanach ottoman, qui prophétise le bon et le mauvais temps. C'est le Mathieu Laensberg du sérail. Ajoutez-y quelques études botaniques, fort en arrière du courant de la science actuelle.

Pages. – Le corps des pages est connu sous le nom des *ademés*. Ils ont leur caserne dans le voisinage du palais. Là ils sont soumis à un régime et à une instruction quasi militaires ; ils comptent un effectif d'à peu près deux cents jeunes gens, qui forment la garde du corps et la musique de Sa Majesté

Le sultan est le seul souverain qui se donne le luxe d'une double musique, l'une composée de jeunes filles, et l'autre de jeunes gens. Quant aux musiques des régiments en garnison à Constantinople, elles ne viennent jamais jouer au palais. La musique des ademés est d'ailleurs excellente, et répond aux sacrifices que l'on s'est imposés pour l'organiser.

Les pages, comme nous l'avons dit, constituent la garde chargée personnellement de veiller à la sûreté du monarque. Lorsque le sultan se rend à la mosquée, les ademés l'entourent afin de le dérober aux regards du peuple. Mais comme Sa Majesté est à cheval et que les pages sont à pied, on a imaginé un singulier moyen pour atteindre ce but. Les casques en argent que portent les pages sont surmontés par de hauts panaches en plumes d'autruche qui s'élèvent au niveau de la tête du sultan, de sorte qu'une double file de ces panaches forme comme un nuage flottant, derrière lequel il est impossible de distinguer la personne impériale.

Parmi les curieux usages qui ont cours au sérail on remarque celui qui défend au sultan de revêtir une seconde fois les habits et le linge qu'il a quittés en se déshabillant. Ainsi le padichah doit avoir tous les matins de nouveaux habits et du linge neuf. Porter ses vêtements deux jours de suite serait de sa part un crime de lèse-majesté contre lui-même.

Si l'on songe que le tailleur de Sa Majesté doit lui fournir par an trois cent soixante-cinq redingotes, autant de gilets et de pantalons, et que les autres fournisseurs doivent travailler dans la même proportion, on verra que cette règle bizarre fait la fortune de beaucoup de gens, sans parler des valets de chambre du sultan, auxquels revient de droit la défroque toute neuve de la veille.

XIX

LES ANNEXES

Nous comprenons sous ce nom tous les établissements qui se rattachent au sérail ; la cuisine, les écuries, les remises pour les voitures ou pour les caïques, le four, la pharmacie, et autres dépendances, qui emploient un personnel nombreux, dont le chiffre exact ne nous est pas connu.

Si j'osais cependant hasarder mon opinion particulière, j'évaluerais le total des habitants du Mabeïn impérial à deux mille individus, y compris les eunuques, les baltadjis et tous ceux qui, comme eux, se meuvent sur un terrain neutre, entre l'intérieur et l'extérieur du harem.

Les deux établissements réunis qui composent le sérail comprendraient ainsi trois mille bouches (et quelles bouches !). C'est ce gouffre, toujours ouvert aux déficits des budgets, qui continuera à absorber les ressources de la Turquie, aussi longtemps que se maintiendront les bases sur lesquelles repose son édifice politique.

Aussi est-ce à l'organisation du sérail qu'il convient d'imputer les désordres et le gaspillage qui s'y commettent, et non pas aux personnes qui en font partie. Le seul crime de celles-ci est de faire partie d'un système vicieux et anormal, en opposition avec les principes élémentaires de l'économie politique et de la logique. S'il y a des gens sur qui retombe la responsabilité d'un pareil état de choses, ce sont ceux qui s'appliquent à le faire durer, afin de profiter des abus qu'il sanctionne et qu'il protège.

Tant que le sérail ne sera pas bouleversé de fond en comble par la main impitoyable d'un réformateur, il ne faut pas songer à guérir le mal qui paralyse la machine gouvernementale, et qui fait dépérir la société musulmane.

Une telle réforme est sans doute bien difficile, mais elle est indispensable, aussi indispensable que l'étaient la destruction des janissaires et l'abolition de tant d'abus administratifs. Au milieu des changements qui se sont opérés, le sérail seul est resté immuable, tel qu'il a été depuis des siècles ; et cependant la réforme du sérail est le couronnement de l'œuvre entreprise autrefois par Mahmoud et poursuivie par ses successeurs.

Le grand obstacle contre lequel se heurtent toutes les tentatives de révolution de ce genre, c'est la composition même du sérail, qui est à lui seul tout un monde isolé du reste, puissante corporation dont les membres et les affiliés montent à des milliers d'individus. Cette corporation doit d'ailleurs sa puissance et son prestige au privilège qui lui est réservé d'entourer la personne sacrée du padichah vicaire et successeur de Mahomet.

Dépositaires et gardiens de l'autorité souveraine, les personnages de cette cour tiennent continuellement en échec les autres corps politiques et souvent même ils leur dictent des lois. Le sultan, au fond, dépend de cet entourage dont le mécontentement peut produire un de ces coups d'État où le souverain perd le trône et la vie.

Une pareille révolution serait probablement la conséquence d'un essai tenté pour changer ou modifier l'institution du sérail. Tous les gens qui en vivent, se voyant menacés dans leurs intérêts les plus chers, n'hésiteraient pas un instant à se coaliser contre celui qui oserait porter atteinte à leurs privilèges et à leur pouvoir. Dès lors, on comprend que le sultan craigne de se prêter à la moindre réforme dans son intérieur. Quel serait le remède à de si grands dangers ? Une autre réforme peut-être dans la loi de succession au trône. Mais le sultan n'hésite pas moins devant la solution de ce second problème.

Ces deux questions sont étroitement liées l'une à l'autre, de manière, en quelque sorte, à n'en faire qu'une seule. Ainsi, il est impossible d'aborder la question de la succession directe sans avoir d'abord réformé le sérail, et il est impossible de réformer le sérail sans avoir tranché la question de succession [9].

OSMAN-BEY (Major Vladimir ANDREJEVICH),
Les femmes en Turquie, 1883.

TABLE

PREMIÈRE PARTIE

LES TURCS ET LEURS FEMMES

I. – Coup d'œil préliminaire
II. – La Femme devant l'islamisme
III. – Les Mariages de pèlerinage
IV. – Le Divorce
V. – La Polygamie en principe
VI. – Les Devoirs des femmes
VII. – Les Droits des femmes
VIII. – Système social
IX. – L'Éducation de famille
X. – La Demande en mariage
XI. – Fiançailles
XII. – Aghirlik ou la dot des hommes
XIII. – Le Contrat de mariage
XIV. – Les Noces
XV. – Le Lendemain des noces
XVI. – Après le mariage
XVII. – Les Ménages polygames
XVIII. – Ménages à quatre femmes
XIX. – Le Service intérieur
XX. – Polygamie diplomatique
XXI. – Les Mariages mixtes
XXII. – Conclusion

DEUXIÈME PARTIE

L'ESCLAVAGE ET LE HAREM

I. – L'Esclavage
II. – L'Ancien temps
III. – L'Esclavage moderne
IV. – L'Esclavage illégal
V. – Les Enfants illégitimes
VI. – Nécessité de l'esclavage
VII. – Vente des esclaves
VIII. – Condition des esclaves
IX. –Les Esclaves de couleur
X. – Les Eunuques
XI. – Caractère des eunuques

TROISIÈME PARTIE

LE HAREM DU SULTAN

I. – Aperçu général
II. – L'Intérieur du harem
III. – La Sultane Validé
IV. – La Hasnedar Ousta
V. – Les Guieuzdés
VI. – Les Ikbals
VII. – Les Kadines
VIII. – Les Sultanes
IX. – Les Secrétaires
X. – Les Nourrices
XI. – Les Kalfas et les Alaïkes
XII. – Musiciennes et corps de ballet
XIII. – Esclaves de bas étage
XIV. – Discipline
XV. – Promenades
XVI. – Externats
XVII. – Intermédiaires. – Eunuques. – Baltadjis. – Domesticité inférieure
XVIII. – Le Mabeïn impérial
XIX. – Les Annexes

1 La rondeur des formes est la première beauté aux yeux des musulmans.
2 Les chairs potelées comme celle du poisson sont aussi l'idéal de la perfection.
3 On remarque que, sous la plume d'Osman-Bey, les mots *Europe, Européen* sont souvent pris dans le sens d'*Occident, Occidentaux*, quoiqu'une grande partie de l'Empire ottoman soit européenne. Mais les mœurs dont il s'agit ici étant asiatiques, la Turquie représente l'Asie. (NdE.)
4 Comment croire, cher Turc, à vos propos si doux ?
Vous avez cent femmes chez vous !
5 C'est ainsi que la sultane Adilé, sœur d'Abd-ul-Aziz, fit cadeau au sultan d'une de ses esclaves nommée Aïrani-Dil.
6 Si quelque incrédule veut vérifier l'authenticité de cette histoire, il pourra s'adresser au petit Ahmet lui-même. Voici son adresse :
« Djudje Ahmed Agha – quartier de Matekka, au-dessus de Dolma-Bagtché – à Constantinople. »
Le nain Ahmed étant connu de tout le monde, et d'un abord facile, rien de plus aisé que de s'aboucher avec ce haut personnage.
7 Le titre le plus honorifique et le plus respectueux qu'il soit possible de mettre en tête d'une requête adressée à la sultane Validé, est celui-ci : *Tatch-ul-mestourat*, ce qui veut dire : *Couronne des têtes voilées*. Par cette phrase, on honore S. M. comme étant la première parmi les femmes voilées et pudiques, c'est-à-dire musulmanes, par opposition aux chrétiennes qui, se promenant sans voile, sont considérées comme impudiques.
8 Ce récit a déjà paru dans un livre écrit par moi sous ce titre : *Trente ans dans le harem*.
9 La question du changement de l'ordre de succession au trône de la Turquie, aussi bien qu'à celui de l'Égypte, sera l'objet d'un nouveau travail dans une brochure que je ferai bientôt paraître.